图解法律 系列

图解 突发事件应对法

法规应用研究中心 / 编

开拓体例 让法律阅读更轻松
图文并茂 让法律学习更高效

中国法制出版社
CHINA LEGAL PUBLISHING HOUSE

出版说明

书前的你，是否也有这样的学习烦恼：

笔记满满当当，可好像没学会什么。

资料用书看了几遍，还是似懂非懂，好像没有记忆点。

怎么才能做到过目不忘、一学就会呢？

本书就介绍了一个很实用的工具——思维导图，带你扫除阴霾，赶超学霸！

"图解法律系列"是运用图表的形式，将可视化思维融入法律工具书的编排和解读中，思维导图和核心知识点相融合，使专业、纸面的法律条文变得生动、立体。精美的版面设计和双色印刷提升了读者的阅读体验；条文与注释结合让重点内容清晰明了、轻松掌握；图形化的思维导图使法条逻辑清晰顺畅。

本丛书具有以下几大特点：

一、专业性

从立法部门对条文的专业解读中提炼要点注释。编选案例均来源于最高人民法院、最高人民检察院发布的指导性案例、公报案例、人民法院案例库参考案例，以及中国裁判文书网和各级人民法院发布的典型案例，并梳理归纳裁判要点，从而更好地指导法律实践。

二、体系性

对修改条文进行了新旧对照，用引注线的方式标注解释条文中的法律专业术语和关键内容，并逐条关联学习中常用的司法解释及其他法律。同时，用思维导图和流程图将重点内容清晰化，强调记忆点，帮助读者全面搭建法律知识图谱。

三、实用性

本书既可做法规书用于阅读法律条文，又可做注释书用于学习内容要点，更可做案例书用于学习裁判要点。一书在手，减少阅读时间，降低学习成本。

四、便捷性

本书采用双色印刷，清晰明了，提升了读者的阅读体验；小开本装帧方便日常携带，随拿随用，方便读者查找和学习。

我们力争做到内容的直观性、形式的生动性、使用的便捷性，打造一本全面实用、好看好用的新型学法适法用书！

目 录

中华人民共和国突发事件应对法

第一章 总 则

第 一 条 【立法目的和根据】 2
第 二 条 【概念、调整范围和适用规则】 4
第 三 条 【突发事件分级标准】 6
第 四 条 【指导思想与治理体系】 8
第 五 条 【工作原则和理念】 9
第 六 条 【社会动员机制】 10
第 七 条 【信息发布】 12
第 八 条 【新闻报道和宣传】 14
第 九 条 【投诉与举报】 16
第 十 条 【比例原则】 18
第十一条 【特殊群体保护】 19
第十二条 【财产征用】 20
第十三条 【时效和程序中止】 22
第十四条 【国际交流与合作】 24
第十五条 【表彰和奖励】 25

第二章　管理与指挥体制

第十六条　【管理体制和工作体系】……28
第十七条　【分级负责、属地管理和报告机制】……30
第十八条　【协调配合与协同应对】……32
第十九条　【行政领导机关和应急指挥机构】……34
第二十条　【应急指挥机构职责权限】……36
第二十一条　【部门职责】……37
第二十二条　【基层职责】……38
第二十三条　【公民、法人和其他组织义务】……39
第二十四条　【解放军、武警部队和民兵组织参与】……40
第二十五条　【本级人大监督】……42

第三章　预防与应急准备

第二十六条　【应急预案体系】……44
第二十七条　【应急预案衔接】……46
第二十八条　【应急预案制定依据与内容】……48
第二十九条　【应急体系建设规划】……50
第三十条　【国土空间规划等考虑预防和处置突发事件】……51
第三十一条　【应急避难场所标准体系】……52
第三十二条　【突发事件风险评估体系】……53
第三十三条　【安全防范措施】……54
第三十四条　【及时调处矛盾纠纷】……56
第三十五条　【安全管理制度】……58
第三十六条　【矿山和危险物品单位预防义务】……60

第三十七条	【人员密集场所经营单位或者管理单位的预防义务】	62
第三十八条	【应对管理培训制度】	64
第三十九条	【应急救援队伍】	66
第 四 十 条	【应急救援人员人身保险和资格要求】	68
第四十一条	【解放军、武警和民兵组织专门训练】	70
第四十二条	【应急知识宣传普及和应急演练】	72
第四十三条	【学校的应急教育和演练义务】	74
第四十四条	【经费保障】	75
第四十五条	【应急物资储备保障制度和目录】	76
第四十六条	【应急救援物资、装备等生产、供应和储备】	78
第四十七条	【应急运输保障】	79
第四十八条	【能源应急保障】	80
第四十九条	【应急通信和广播保障】	81
第 五 十 条	【卫生应急体系】	82
第五十一条	【急救医疗服务网络建设】	84
第五十二条	【鼓励社会力量支持】	85
第五十三条	【紧急救援、人道救助和应急慈善】	86
第五十四条	【救援资金和物资管理】	88
第五十五条	【巨灾风险保险体系】	89
第五十六条	【技术应用、人才培养和研究开发】	90
第五十七条	【专家咨询论证制度】	92

第四章　监测与预警

| 第五十八条 | 【突发事件监测制度】 | 94 |
| 第五十九条 | 【突发事件信息系统】 | 96 |

第六十条	【突发事件信息收集制度】	98
第六十一条	【突发事件信息报告制度】	100
第六十二条	【突发事件信息评估制度】	102
第六十三条	【突发事件预警制度】	104
第六十四条	【预警信息发布、报告和通报】	106
第六十五条	【预警信息发布制度】	107
第六十六条	【三级、四级预警措施】	108
第六十七条	【一级、二级预警措施】	110
第六十八条	【预警期保障措施】	112
第六十九条	【社会安全事件信息报告制度】	113
第七十条	【预警调整和解除】	114

第五章 应急处置与救援

第七十一条	【应急响应制度】	116
第七十二条	【应急处置机制】	118
第七十三条	【自然灾害、事故灾难和公共卫生事件应急处置措施】	120
第七十四条	【社会安全事件应急处置措施】	123
第七十五条	【严重影响国民经济运行的突发事件应急处置机制】	126
第七十六条	【应急协作机制和救援帮扶制度】	128
第七十七条	【群众性基层自治组织组织自救与互助】	131
第七十八条	【突发事件有关单位的应急职责】	132
第七十九条	【突发事件发生地的公民应当履行的义务】	135
第八十条	【城乡社区组织应急工作机制】	136
第八十一条	【心理援助工作】	137
第八十二条	【遗体处置及遗物保管】	138

第八十三条	【政府及部门信息收集与个人信息保护】	139
第八十四条	【有关单位、个人获取信息及使用限制】	140
第八十五条	【信息用途、销毁和处理】	142

第六章　事后恢复与重建

第八十六条	【应急响应解除】	144
第八十七条	【影响、损失评估与恢复重建】	146
第八十八条	【支援恢复重建】	149
第八十九条	【扶持优惠和善后工作】	150
第 九 十 条	【公民参与应急的保障】	152
第九十一条	【伤亡人员保障】	153
第九十二条	【突发事件调查、应急处置总结】	154
第九十三条	【资金和物资审计监督】	155
第九十四条	【应对工作档案管理】	156

第七章　法律责任

第九十五条	【地方政府、有关部门及其人员不依法履责的法律责任】	158
第九十六条	【突发事件发生地的单位不履行法定义务的法律责任】	160
第九十七条	【编造、传播虚假信息的法律责任】	162
第九十八条	【单位和个人不服从、不配合的法律责任】	164
第九十九条	【单位和个人违反个人信息保护规定的法律责任】	165
第 一 百 条	【民事责任】	166
第一百零一条	【紧急避险】	167
第一百零二条	【治安管理处罚和刑事责任】	168

第八章 附 则

第一百零三条 【紧急状态】 …………………………………………………………… 170
第一百零四条 【域外突发事件应对】 …………………………………………………… 172
第一百零五条 【境内的外国人、无国籍人义务】 ……………………………………… 173
第一百零六条 【施行日期】 …………………………………………………………… 174

附录

突发事件应急预案管理办法 ……………………………………………………………… 175
（2024 年 1 月 31 日）

中华人民共和国突发事件应对法

第一章 总 则

第一条 【立法目的和根据】[1]

旧[2]	新
第一条 为了预防和减少突发事件的发生，控制、减轻和消除突发事件引起的严重社会危害，规范突发事件应对活动，保护人民生命财产安全，维护国家安全、公共安全、环境安全和社会秩序，制定本法。	**第一条** 为了预防和减少突发事件的发生，控制、减轻和消除突发事件引起的严重社会危害，**提高突发事件预防和应对能力**，规范突发事件应对活动，保护人民生命财产安全，维护国家安全、公共安全、**生态**环境安全和社会秩序，**根据宪法**，制定本法。

◆ 思维导图

立法目的
- 预防和减少 —— 突发事件的发生
- 控制、减轻和消除 —— 突发事件引起的严重社会危害
- 提高 —— 突发事件预防和应对能力
- 规范 —— 突发事件应对活动
- 保护 —— 人民生命财产安全
- 维护 —— 国家安全、公共安全、生态环境安全和社会秩序

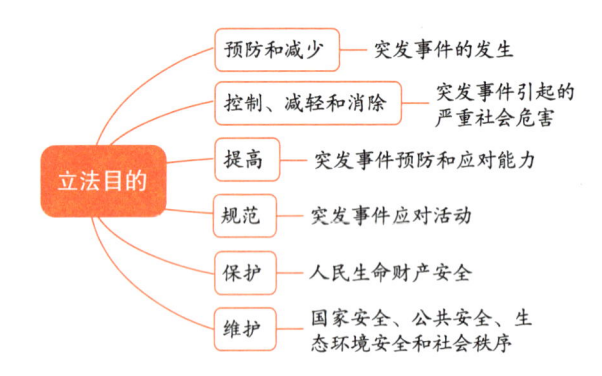

[1] 条文主旨为编者所加，下同。
[2] 左栏中的"旧"指的是 2007 年 8 月 30 日通过的《突发事件应对法》，表格中的阴影部分为删去内容；右栏中的"新"指的是 2024 年 6 月 28 日修订后的《突发事件应对法》，表格中的黑体字为修改内容。

案例精析

某市某区人民政府诉胡某某房屋行政强制案

案号：（2018）甘行终635号
来源：中国裁判文书网

裁判要点

实施行政强制行为，必须以行政机关作出生效的行政决定为前提。

某区政府是以涉案家属院经鉴定存在安全隐患为由，依据国务院颁布的《地质灾害防治条例》第十九条、第二十九条的规定，作出《紧急避险通知》并实施了强制拆除行为。法院认为，某区人民政府作出的《紧急避险通知》的行为违反了《突发事件应对法》第一条关于立法目的的规定，以该行为认定事实不清，证据不足，程序违法为由，判决撤销该《紧急避险通知》。因此拆除房屋的行为没有了合法的依据，作出的行政行为证据不足。且该行为不具有可撤销内容，故应判决确认违法。

第二条 【概念、调整范围和适用规则】

旧	新
第三条第一款 本法所称突发事件,是指突然发生,造成或者可能造成严重社会危害,需要采取应急处置措施予以应对的自然灾害、事故灾难、公共卫生事件和社会安全事件。 **第二条** 突发事件的预防与应急准备、监测与预警、应急处置与救援、事后恢复与重建等应对活动,适用本法。	**第二条** 本法所称突发事件,是指突然发生,造成或者可能造成严重社会危害,需要采取应急处置措施予以应对的<u>自然灾害、事故灾难、公共卫生事件和社会安全事件</u>。 突发事件的预防与应急准备、<u>监测与预警、应急处置与救援、事后恢复与重建</u>等应对活动,适用本法。 《中华人民共和国传染病防治法》等有关法律对突发公共卫生事件应对作出规定的,适用其规定。有关法律没有规定的,适用本法。

- ▶ 主要包括水旱灾害,气象灾害,地震灾害,地质灾害,海洋灾害,生物灾害和森林草原火灾等。
- ▶ 主要包括工、矿、商、贸等企业的各类安全事故,交通运输事故,公共设施和设备事故,环境污染和生态破坏事件等。
- ▶ 指突然发生,造成或者可能造成社会公众健康严重损害的重大传染病疫情、群体性不明原因疾病、重大食物和职业中毒以及其他严重影响公众健康的事件。
- ▶ 主要包括恐怖袭击事件,经济安全事件和涉外突发事件等。
- ▶ 是防患于未然的阶段,也是应对突发事件最重要的阶段。
- ▶ 是预防与应急准备的逻辑延伸。

是应对突发事件最关键的阶段,主要是赋予政府针对突发事件性质、特点和危害程度的一系列应急处置和救援措施。

是应对突发事件过程中的最后环节。

要点注释

突发事件一般呈现出几个特点:(1)突发性。事件发生的真实时间、地点、危害难以预料,往往超乎人们的心理惯性和社会的常态秩序。(2)危险性。事件给人民的生命财产或者给国家、社会带来严重危害。这种危害往往是社会性的,受害主体也往往是群体性的。(3)紧迫性。事件发展迅速,需要采取应急处置措施,才有可能避免恶化。(4)不确定性。事件的发展和可能的影响往往根据既有经验和措施难以判断、掌控,处理不当就可能导致事态迅速扩大。

我国应急管理法律体系在横向上主要由三部分构成:一是紧急状态法(包括《戒严法》)、有关战争和动员的法律;二是《突发事件应对法》;三是单行的突发事件应对方面的法律,如《防洪法》《传染病防治法》《安全生产法》等。

思维导图

本法适用范围 → 突发事件的应对管理活动
- 突发事件的预防与应急准备
- 突发事件的监测与预警
- 突发事件的应急处置与救援
- 突发事件的事后恢复与重建
- 《传染病防治法》等有关法律对突发公共卫生事件应对没有规定的

拓展适用

《刑法》
第 277 条

《慈善法》
第 3 条

《红十字会法》
第 11 条至第 12 条

《药品管理法》
第 92 条

《突发公共卫生事件应急条例》
第 2 条

《国家突发公共事件总体应急预案》
第 1.3 条、第 1.4 条

《突发事件应急预案管理办法》
第 3 条

《重特大自然灾害调查评估暂行办法》
第 16 条

第三条 【突发事件分级标准】

旧	新
第三条第二款、第三款 按照社会危害程度、影响范围等因素，自然灾害、事故灾难、公共卫生事件分为特别重大、重大、较大和一般四级。法律、行政法规或者国务院另有规定的，从其规定。 突发事件的分级标准由国务院或者国务院确定的部门制定。	**第三条** 按照社会危害程度、影响范围等因素，**突发**自然灾害、事故灾难、公共卫生事件分为特别重大、重大、较大和一般四级。法律、行政法规或者国务院另有规定的，从其规定。 突发事件的分级标准由国务院或者国务院确定的部门制定。

要点注释

有关突发事件分级的规定主要解决两个问题：第一，是为针对不同等级的突发事件确定不同的应对主体、采取不同的应对措施提供基础；第二，是将这四个级别之外的突发事件排除出突发事件应对管理法的调整范围，如危害程度及影响范围在"一般级"以下的轻微突发事件。

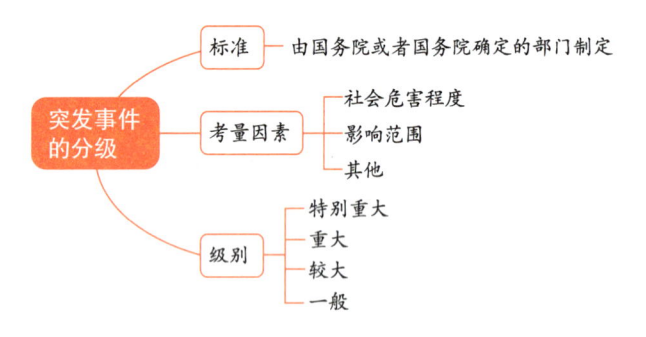

思维导图

突发事件的分级
- 标准——由国务院或者国务院确定的部门制定
- 考量因素
  - 社会危害程度
  - 影响范围
  - 其他
- 级别
  - 特别重大
  - 重大
  - 较大
  - 一般

拓展适用

《地质灾害防治条例》
第 4 条

《森林防火条例》
第 40 条

《国家突发公共事件总体应急预案》
第 3.1.1 条

第四条 【指导思想与治理体系】

第四条 突发事件应对工作坚持中国共产党的领导，坚持以马克思列宁主义、毛泽东思想、邓小平理论、"三个代表"重要思想、科学发展观、习近平新时代中国特色社会主义思想为指导，建立健全集中统一、高效权威的中国特色突发事件应对工作领导体制，完善党委领导、政府负责、部门联动、军地联合、社会协同、公众参与、科技支撑、法治保障的治理体系。

思维导图

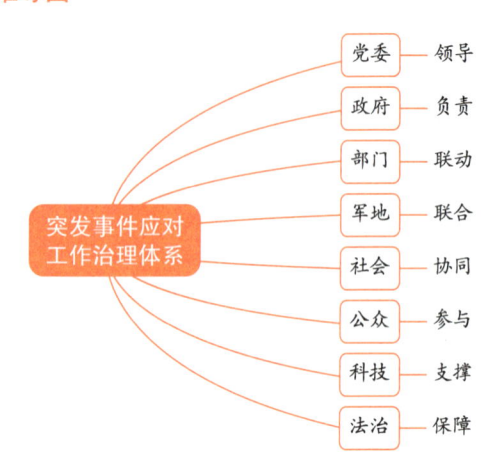

突发事件应对工作治理体系：
- 党委—领导
- 政府—负责
- 部门—联动
- 军地—联合
- 社会—协同
- 公众—参与
- 科技—支撑
- 法治—保障

拓展适用

《国家突发公共事件总体应急预案》
第1.5条

第五条 【工作原则和理念】

旧	新
第五条　突发事件应对工作实行预防为主、预防与应急相结合的原则。国家建立重大突发事件风险评估体系，对可能发生的突发事件进行综合性评估，减少重大突发事件的发生，最大限度地减轻重大突发事件的影响。	第五条　突发事件应对工作应当坚持总体国家安全观，统筹发展与安全；坚持人民至上、生命至上；坚持依法科学应对，尊重和保障人权；坚持预防为主、预防与应急相结合。

要点注释

本条规定的预防为主、预防与应急相结合原则的基本含义是：

（1）一切突发事件的应对工作，都必须把预防和减少突发事件的发生放在首位，做到防患于未然。据此，要开展对各类突发事件风险的普查和监控，促进各行业、各领域安全防范措施的落实，加强突发事件的信息报告和预警工作，积极开展安全防范知识和应急知识的普及，加强应急管理培训。

（2）在做好各项预防工作的同时，必须做好各项应急准备，牢固树立忧患意识。有备未必无患，但无备必有大患。据此，要完善预案体系，推进应急平台建设，提高应急管理能力，加强应急救援队伍建设和应急演练，加强各类应急资源管理。

（3）全力做好应急处置和善后工作。突发事件发生后，要立即采取措施，控制事态发展，减少人员伤亡和财产损失，

防止发生次生、衍生突发事件，做好受影响群众的基本生活保障和事故现场环境评估工作。应急处置结束后，要及时组织受影响地区恢复正常的生产、生活和社会秩序。[1]

思维导图

突发事件应对工作原则和理念
- 坚持总体国家安全观
- 统筹发展与安全
- 坚持人民至上、生命至上
- 坚持依法科学应对
- 尊重和保障人权
- 坚持预防为主、预防与应急相结合

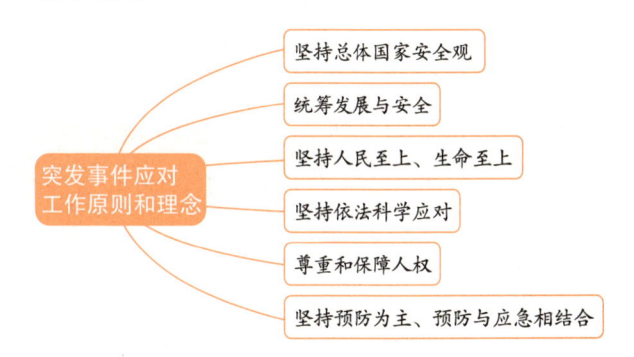

[1] 参见汪永清主编：《中华人民共和国突发事件应对法解读》，中国法制出版社2007年版，第20页。

第六条 【社会动员机制】

旧	新
第六条 国家建立有效的社会动员机制，增强全民的公共安全和防范风险的意识，提高全社会的避险救助能力。	第六条 国家建立有效的社会动员机制，**组织动员企业事业单位、社会组织、志愿者等各方力量依法有序参与突发事件应对工作**，增强全民的公共安全和防范风险的意识，提高全社会的避险救助能力。

要点注释

本条规定体现了突发事件应对工作中的社会动员机制。主要有两层含义：一是提高全民危机意识机制和能力建设机制。这是应对突发事件的社会基础。二是社会成员参与机制。就是全民参与突发事件应对工作，包括信息报告、应急准备、开展自救与互救、协助维护秩序、服从指挥和安排、积极参与应急救援工作等。

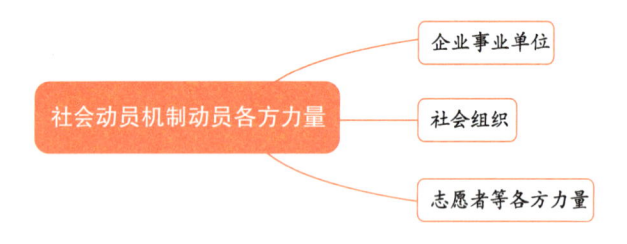

思维导图

社会动员机制动员各方力量
- 企业事业单位
- 社会组织
- 志愿者等各方力量

拓展适用

《国家防汛抗旱应急预案》
　　第 5.2.9 条

《国家自然灾害救助应急预案》
　　第 7.6 条

《国家突发地质灾害应急预案》
　　第 8.1 条

《重特大自然灾害调查评估暂行办法》
　　第 16 条

第七条 【信息发布】

旧	新
第十条 有关人民政府及其部门作出的应对突发事件的决定、命令，应当及时公布。 第五十三条 履行统一领导职责或者组织处置突发事件的人民政府，应当按照有关规定统一、准确、及时发布有关突发事件事态发展和应急处置工作的信息。 第五十四条 任何单位和个人不得编造、传播有关突发事件事态发展或者应急处置工作的虚假信息。	第七条 国家建立健全突发事件信息发布制度。有关人民政府和部门应当及时向社会公布突发事件相关信息和有关突发事件应对的决定、命令、措施等信息。 任何单位和个人不得编造、故意传播有关突发事件的虚假信息。有关人民政府和部门发现影响或者可能影响社会稳定、扰乱社会和经济管理秩序的虚假或者不完整信息的，应当及时发布准确的信息予以澄清。

要点注释

本条规定由原《突发事件应对法》第十条、第五十三条、第五十四条整合而来。首先第一款明确了信息发布的内容，即突发事件相关信息和关于突发事件应对的决定、命令、措施等信息。

第二款还规定了除及时发布上述相关信息外，政府和部门对相关虚假和不完整信息要及时澄清。这里需要注意的是，还明确了如何澄清，即以及时发布准确信息来澄清。

🔶 思维导图

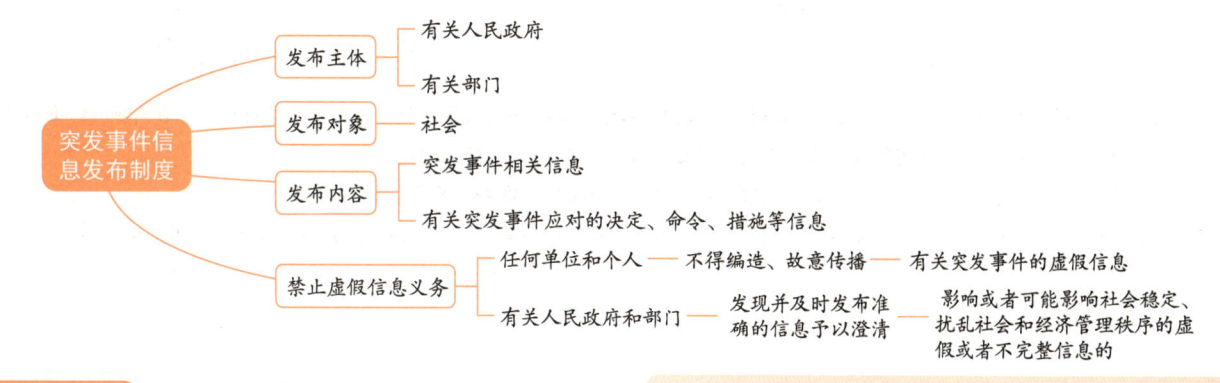

- **突发事件信息发布制度**
  - 发布主体
    - 有关人民政府
    - 有关部门
  - 发布对象
    - 社会
  - 发布内容
    - 突发事件相关信息
    - 有关突发事件应对的决定、命令、措施等信息
  - 禁止虚假信息义务
    - 任何单位和个人 —— 不得编造、故意传播 —— 有关突发事件的虚假信息
    - 有关人民政府和部门 —— 发现并及时发布准确的信息予以澄清 —— 影响或者可能影响社会稳定、扰乱社会和经济管理秩序的虚假或者不完整信息的

拓展适用

《防沙治沙法》
第14条、第15条

《抗旱条例》
第49条

《重大动物疫情应急条例》
第20条

《海洋观测预报管理条例》
第27条、第28条

《气象灾害防御条例》
第34条

《应急管理行政裁量权基准暂行规定》
第32条

第八条 【新闻报道和宣传】

旧	新
第二十九条第三款 新闻媒体应当<mark>无偿</mark>开展突发事件预防与应急、自救与互救知识的公益宣传。	第八条 国家建立健全突发事件新闻采访报道制度。有关人民政府和部门应当做好新闻媒体服务引导工作，支持新闻媒体开展采访报道和舆论监督。 新闻媒体采访报道突发事件应当及时、准确、客观、公正。 新闻媒体应当开展突发事件**应对法律法规**、预防与应急、自救与互救知识**等**的公益宣传。

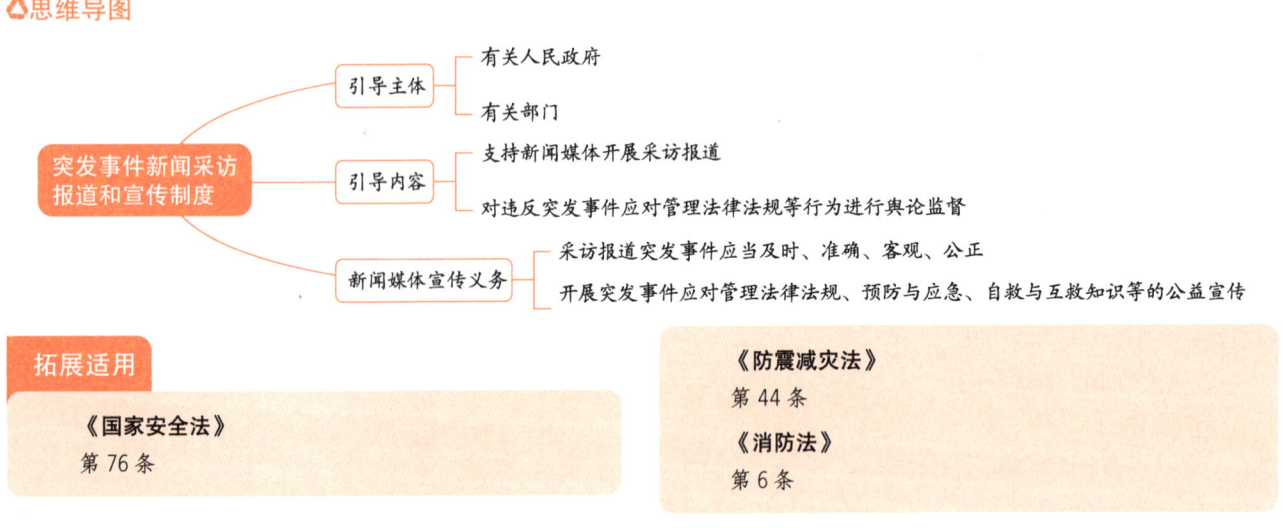

思维导图

- 突发事件新闻采访报道和宣传制度
  - 引导主体
    - 有关人民政府
    - 有关部门
  - 引导内容
    - 支持新闻媒体开展采访报道
    - 对违反突发事件应对管理法律法规等行为进行舆论监督
  - 新闻媒体宣传义务
    - 采访报道突发事件应当及时、准确、客观、公正
    - 开展突发事件应对管理法律法规、预防与应急、自救与互救知识等的公益宣传

拓展适用

《国家安全法》
第76条

《防震减灾法》
第44条

《消防法》
第6条

《森林法》
第 12 条

《安全生产法》
第 77 条

《抗旱条例》
第 49 条

《防汛条例》
第 29 条

《突发事件医疗应急工作管理办法（试行）》
第 5 条

第九条 【投诉与举报】

第九条 国家建立突发事件应对工作投诉、举报制度,公布统一的投诉、举报方式。

对于不履行或者不正确履行突发事件应对工作职责的行为,任何单位和个人有权向有关人民政府和部门投诉、举报。

接到投诉、举报的人民政府和部门应当依照规定立即组织调查处理,并将调查处理结果以适当方式告知投诉人、举报人;投诉、举报事项不属于其职责的,应当及时移送有关机关处理。

有关人民政府和部门对投诉人、举报人的相关信息应当予以保密,保护投诉人、举报人的合法权益。

要点注释

本条为新增规定。本条明确了突发事件应对工作中的投诉和举报方式及其处理规定,可以有效加强社会大众对这项工作的监督,以不断提高政府工作公开度、透明度和满意度。

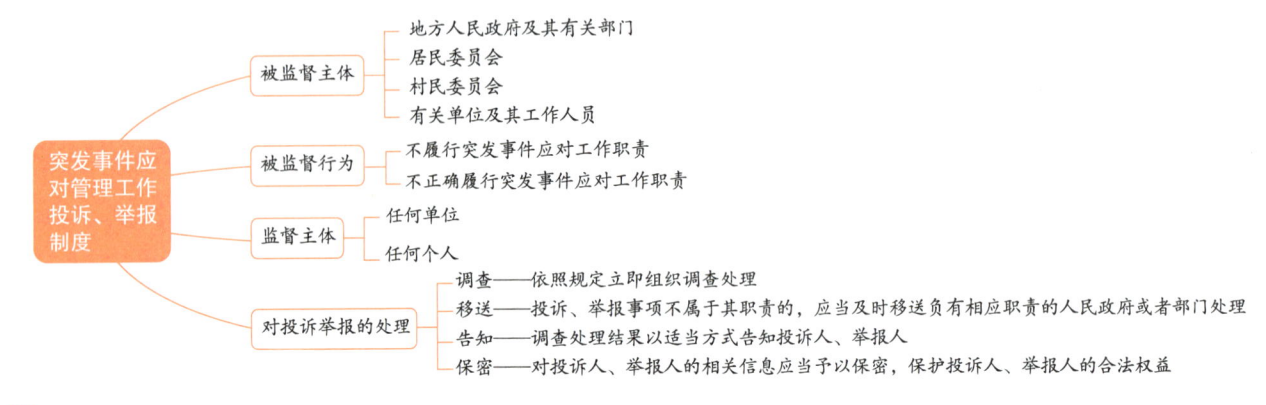

思维导图

- 突发事件应对管理工作投诉、举报制度
  - 被监督主体
    - 地方人民政府及其有关部门
    - 居民委员会
    - 村民委员会
    - 有关单位及其工作人员
  - 被监督行为
    - 不履行突发事件应对工作职责
    - 不正确履行突发事件应对工作职责
  - 监督主体
    - 任何单位
    - 任何个人
  - 对投诉举报的处理
    - 调查——依照规定立即组织调查处理
    - 移送——投诉、举报事项不属于其职责的,应当及时移送负有相应职责的人民政府或者部门处理
    - 告知——调查处理结果以适当方式告知投诉人、举报人
    - 保密——对投诉人、举报人的相关信息应当予以保密,保护投诉人、举报人的合法权益

拓展适用

《安全生产法》
第 73 条

《自然灾害救助条例》
第 29 条至第 32 条

《抗旱条例》
第 58 条至第 63 条

《国务院关于特大安全事故行政责任追究的规定》
第 11 条、第 13 条、第 21 条、第 23 条

《消防产品监督管理规定》
第 28 条

《突发事件医疗应急工作管理办法（试行）》
第 9 条

《煤矿领导带班下井及安全监督检查规定》
第 6 条

第十条 【比例原则】

旧	新
第十一条第一款 有关人民政府及其部门采取的应对突发事件的措施，应当与突发事件可能造成的社会危害的性质、程度和范围相适应；有多种措施可供选择的，应当选择有利于最大程度地保护公民、法人和其他组织权益的措施。	**第十条** 突发事件应对措施应当与突发事件可能造成的社会危害的性质、程度和范围相适应；有多种措施可供选择的，应当选择有利于最大程度地保护公民、法人和其他组织权益，**且对他人权益损害和生态环境影响较小的措施，并根据情况变化及时调整，做到科学、精准、有效**。

要点注释

突发事件严重威胁、危害国家和社会的根本利益，任何关于突发事件应对的制度设计都应当将有效地控制和消除危机作为基本出发点，因而必须根据中国的国情授予行政机关充分的权力，做到效率优先。

必须坚持最小代价原则。在授予行政机关应对突发事件必要权力的同时，防止为了克服危机而采取了不当手段。有多种措施可供选择的，行政机关应当选择有利于最大程度地保护公民、法人和其他组织权益的措施。

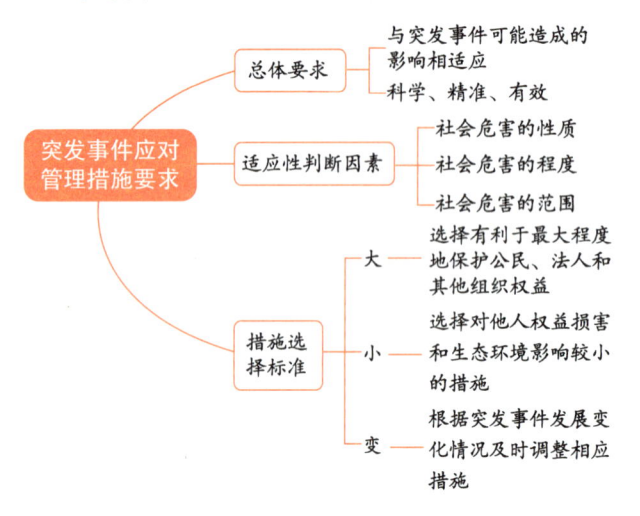

◆思维导图

- 突发事件应对管理措施要求
  - 总体要求
    - 与突发事件可能造成的影响相适应
    - 科学、精准、有效
  - 适应性判断因素
    - 社会危害的性质
    - 社会危害的程度
    - 社会危害的范围
  - 措施选择标准
    - 大——选择有利于最大程度地保护公民、法人和其他组织权益
    - 小——选择对他人权益损害和生态环境影响较小的措施
    - 变——根据突发事件发展变化情况及时调整相应措施

第十一条 【特殊群体保护】

第十一条 国家在突发事件应对工作中,应当对未成年人、老年人、残疾人、孕产期和哺乳期的妇女、需要及时就医的伤病人员等群体给予特殊、优先保护。

▶ 未满十八周岁的公民为未成年人。

▶ 六十周岁以上的公民为老年人。

▶ 含义:《残疾人保障法》规定,残疾人是指在心理、生理、人体结构上,某种组织、功能丧失或者不正常,全部或者部分丧失以正常方式从事某种活动能力的人。
类型:视力残疾、听力残疾、言语残疾、肢体残疾、智力残疾、精神残疾、多重残疾和其他残疾的人

要点注释

我国《未成年人保护法》《残疾人保障法》《老年人权益保障法》《妇女权益保障法》等专门法中,对上述群体的各项权利已作出较为全面的规定。

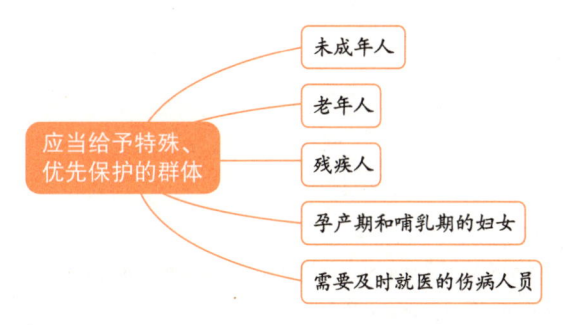

拓展适用

《未成年人保护法》
第2条

《老年人权益保障法》
第2条

《残疾人保障法》
第2条

思维导图

应当给予特殊、优先保护的群体
- 未成年人
- 老年人
- 残疾人
- 孕产期和哺乳期的妇女
- 需要及时就医的伤病人员

第十二条 【财产征用】

旧	新
第十二条 有关人民政府及其部门为应对突发事件，可以征用单位和个人的财产。被征用的财产在使用完毕或者突发事件应急处置工作结束后，应当及时返还。财产被征用或者征用后毁损、灭失的，应当给予补偿。	第十二条 县级以上人民政府及其部门为应对突发事件的**紧急需要**，可以征用单位和个人的**设备、设施、场地、交通工具等**财产。被征用的财产在使用完毕或者突发事件应急处置工作结束后，应当及时返还。财产被征用或者征用后毁损、灭失的，应当给予**公平、合理**的补偿。

要点注释

由于突发事件往往会对人民生命财产安全、国家安全、公共安全、环境安全或者社会秩序产生重大危害和威胁，为了控制、减轻和消除这种危害和威胁，需要动用一切人力、物力应对突发事件，这就赋予了行政机关征用的合法性。同时，考虑到征用单位、个人财产，会对财产所有者的权益带来损失，本条还规定，被征用的财产在使用完毕或者突发事件应急处置工作结束后，应当及时返还。财产被征用后或者征用后毁损、灭失的，应当给予补偿。需要指出，这种补偿通常是按被征用财物等价或者毁损实际价值补偿，一般不及于可得利益损失的补偿。

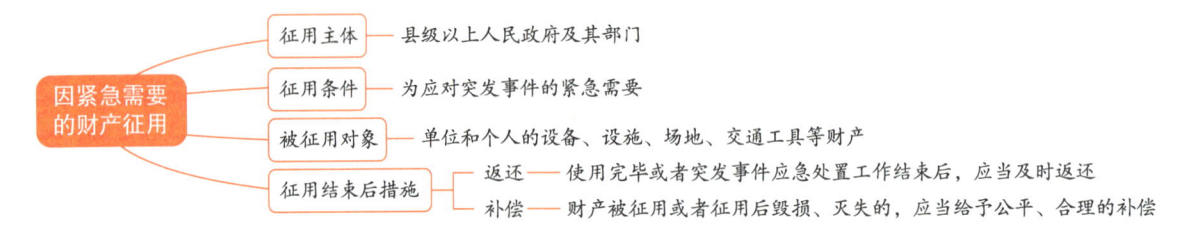

思维导图

因紧急需要的财产征用
- 征用主体 —— 县级以上人民政府及其部门
- 征用条件 —— 为应对突发事件的紧急需要
- 被征用对象 —— 单位和个人的设备、设施、场地、交通工具等财产
- 征用结束后措施
  - 返还 —— 使用完毕或者突发事件应急处置工作结束后，应当及时返还
  - 补偿 —— 财产被征用或者征用后毁损、灭失的，应当给予公平、合理的补偿

拓展适用

《民法典》
第 117 条、第 245 条

《防洪法》
第 45 条

《传染病防治法》
第 45 条

《自然灾害救助条例》
第 15 条

《生产安全事故应急条例》
第 26 条

《核电厂核事故应急管理条例》
第 36 条

《应急管理行政裁量权基准暂行规定》
第 25 条

案例精析

材料科技公司诉区政府再审审查行政案

案号：（2023）闽行申 744 号
来源：中国裁判文书网

裁判要点

因与案涉房屋相邻的违章搭建房屋倒塌，致重大安全事故，事故发生后，镇政府多次组织对案涉房屋进行清理搬离物品以及通知企业主清理搬离物资设备。经专业鉴定机构对案涉房屋进行鉴定，案涉房屋危险性为D级，存在安全隐患，由镇政府予以拆除。镇政府的行为属于对存在重大安全隐患的房屋采取紧急避险的处置措施，对材料科技公司主张的强制拆除行为违法不予支持。本案中，材料科技公司诉请判决区政府履行对案涉房屋被拆除造成其损失作出补偿决定，但在案证据不能证明区政府曾以突发事件为由对材料科技公司租赁的案涉房屋作出相关的决定或实施征用申请人财产等行为，不符合《突发事件应对法》关于对被征用的财产毁损应给予补偿的规定。

第十三条 【时效和程序中止】

旧	新
第十三条 因采取突发事件应对措施，诉讼、行政复议、仲裁活动不能正常进行的，适用有关时效中止和程序中止的规定，**但**法律另有规定的除外。	**第十三条** 因**依法**采取突发事件应对措施，**致使**诉讼、**监察调查**、行政复议、仲裁、**国家赔偿等**活动不能正常进行的，适用有关时效**中止和程序中止**的规定，法律另有规定的除外。

▶ 是指一定事实状态经过一定期间的法律事实，其效果在于直接使权利发生、变更或者消灭，包括取得实效和诉讼时效。

▶ 是指在时效进行中，因一定法定事由的发生，阻碍权利人请求保护其权利，法律规定暂时停止时效期间进行，已经过的时效期间仍然有效，待阻碍时效进行的事由消失后，时效继续进行，其中时效暂停的一段时间不计入时效期内，以保护权利人的权利。

▼ 是指有关诉讼、行政复议、仲裁活动的程序，因一定法定事由不能正常进行需要暂时予以停止，待有关影响该程序正常进行的情形消除后，再恢复该程序。

要点注释

我国以往有关诉讼、仲裁、行政复议、国家赔偿方面的法律，一般规定公共突发事件本身（一般属于不可抗力）可以构成时效或程序中止的原因，例如，《民法典》第一百九十四条第一款规定："在诉讼时效期间的最后六个月内，因下列障碍，不能行使请求权的，诉讼时效中止：（一）不可抗力；（二）无民事行为能力人或者限制民事行为能力人没有法定代理人，或者法定代理人死亡、丧失民事行为能力、丧失代理权；（三）继承开始后未确定继承人或者遗产管理人；（四）权利人被义务人或者其他人控制；（五）其他导致权利人不能行使请求权的障碍。"

《民事诉讼法》第一百五十三条规定："有下列情形之一的，中止诉讼：（一）一方当事人死亡，需要等待继承人表明是否参加诉讼的；（二）一方当事人丧失诉讼行为能力，尚未确定法定代理人的；（三）作为一方当事人的法人或者其他组织终止，尚未确定权利义务承受人的；（四）一方当事人因不可抗拒的事由，不能参加诉讼的；（五）本案必须以另一案的审理结果为依据，而另一案尚未审结的；（六）其他应当中止诉讼的情形。中止诉讼的原因消除后，恢复诉讼。

《行政复议法》第三十九条规定："行政复议期间有下列情形之一的，行政复议中止：（一）作为申请人的公民死亡，其近亲属尚未确定是否参加行政复议；（二）作为申请人的公民丧失参加行政复议的行为能力，尚未确定法定代理人参加行政复议；（三）作为申请人的公民下落不明；（四）作为申请人的法人或者其他组织终止，尚未确定权利义务承受人；（五）申请人、被申请人因不可抗力或者其他正当理由,不能参加行政复议;(六)依照本法规定进行调解、和解,申请人和被申请人同意中止;(七)行政复议案件涉及的法律适用问题需要有权机关作出解释或者确认;(八)行政复议案件审理需要以其他案件的审理结果为依据,而其他案件尚未审结;(九)有本法第五十六条或者第五十七条规定的情形;(十)需要中止行政复议的其他情形。行政复议中止的原因消除后,应当及时恢复行政复议案件的审理。行政复议机关中止、恢复行政复议案件的审理,应当书面告知当事人。"

实践中,极少规定应对突发事件的措施也可构成中止原因,法院(复议机关、仲裁机构)往往将这种情况解释为"其他导致权利人不能行使请求权的障碍"的情形,也适用中止诉讼(复议、仲裁)时效或程序的规定。

拓展适用

《民法典》
第194条

《民事诉讼法》
第153条

《行政复议法》
第39条

《国家赔偿法》
第39条

第十四条 【国际交流与合作】

旧	新
第十五条　中华人民共和国政府在突发事件的预防、监测与预警、应急处置与救援、事后恢复与重建等方面，同外国政府和有关国际组织开展合作与交流。	第十四条　中华人民共和国政府在突发事件的预防**与应急准备**、监测与预警、应急处置与救援、事后恢复与重建等方面，同外国政府和有关国际组织开展合作与交流。

要点注释

　　本条的设置主要考虑：（1）应对突发事件是当今各国政府面临的共同课题，各国都在着力探寻突发事件的应对规律，立足于本国实际完善突发事件应对的制度、体制、机制。加强合作与交流有利于取长补短，经验共享，更好地应对人类面临的挑战。（2）当今许多突发事件的范围和危害已超越国界，如公共卫生事件、环境事故等，应对好这类突发事件，不仅要信息共享，而且许多应对措施也要协同联动。（3）一国应对突发事件，往往需要他国和国际组织的人力、物力、财力和技术上的支持，以有效、及时地控制事态发展、减少损失。因此本条规定了我国政府在应对突发事件的各个环节都同外国政府和有关国际组织开展合作与交流，而且这种合作与交流是建立在平等互利基础上的坦诚与互信，做到权利与义务统一、支持与受助互通。

思维导图

- 中华人民共和国政府
  - 突发事件应对国际交流合作内容
    - 突发事件的预防与应急准备
    - 监测与预警
    - 应急处置与救援
    - 事后恢复与重建
    - 其他
  - 突发事件应对国际交流合作对象
    - 外国政府
    - 有关国际组织

第十五条 【表彰和奖励】

第十五条 对在突发事件应对工作中做出突出贡献的单位和个人,按照国家有关规定给予表彰、奖励。

▶国家勋章和国家荣誉称号为国家最高荣誉。
▶国家设立下列国家科学技术奖:
(一)国家最高科学技术奖;
(二)国家自然科学奖;
(三)国家技术发明奖;
(四)国家科学技术进步奖;
(五)中华人民共和国国际科学技术合作奖。

要点注释

本条是关于表彰和奖励的规定。

我国在多个领域的专门法中设置了表彰和奖励规定。《国家勋章和国家荣誉称号法》第四条第一款规定,国家设立国家荣誉称号,授予在经济、社会、国防、外交、教育、科技、文化、卫生、体育等各领域各行业作出重大贡献、享有崇高声誉的杰出人士。

拓展适用

《消防法》
第7条

《防汛条例》
第42条

《抗旱条例》
第12条

《森林防火条例》
第12条

《重大动物疫情应急条例》
第7条

《救灾捐赠管理办法》
第7条

《突发事件医疗应急工作管理办法（试行）》
第25条

第二章 管理与指挥体制

第十六条 【管理体制和工作体系】

旧	新
第四条 国家建立统一领导、综合协调、分类管理、分级负责、属地管理为主的应急管理体制。	第十六条 国家建立统一**指挥、专常兼备、反应灵敏、上下联动**的**应急管理体制**和综合协调、分类管理、分级负责、属地管理为主的**工作体系**。

主要是指根据突发事件的影响范围和突发事件的级别不同,确定突发事件应对工作由不同层级的人民政府负责。

主要含义:突发事件应急处置工作原则上由地方负责,即由突发事件发生地的县级以上地方人民政府负责,其中,又主要是由突发事件发生地的县级人民政府负责。

▶是指在各级党委的领导下,在中央,国务院是突发事件应急管理工作的最高行政领导机关;在地方,地方各级政府是本级行政区突发事件应急管理工作的行政领导机关,负责本行政区域各类突发事件应急管理工作,是负责此项工作的责任主体;在突发事件应对中,领导权主要表现为以相应责任为前提的指挥权、协调权。

▶主要有两层含义:一是政府对所属各有关部门、上级对下级各有关政府、政府与社会各有关组织、团体的协调;二是各级政府突发事件应急管理工作的办事机构进行的日常协调。

▶是指按照自然灾害、事故灾难、公共卫生事件和社会安全事件四类突发事件的不同特性实施应急管理,具体包括:根据不同类型的突发事件,确定管理规则,明确分级标准,开展预防与应急准备、监测与预警、应急处置与救援、事后恢复与重建等应对活动。

要点注释

建立科学、高效的应急管理体制,是本法必须解决好的重要问题。

世界上许多国家都把建立适合本国国情的应急管理体制作为完善突发事件应对制度的关键。

本条进一步明确我国应急管理体制和工作体系,以满足现代化突发事件应对工作的需要。

思维导图

- 应急管理体制及工作体系特点
  - 应急管理体制特点
    - 统一指挥
    - 专常兼备
    - 反应灵敏
    - 上下联动
  - 应急管理工作体系特点
    - 综合协调
    - 分类管理
    - 分级负责
    - 属地管理为主

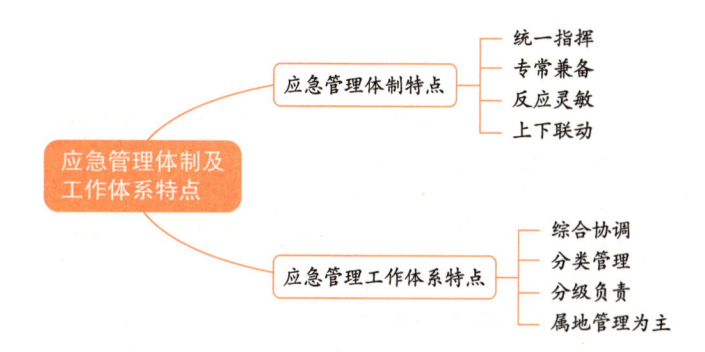

拓展适用

《自然灾害救助条例》
第 16 条、第 17 条

第十七条 【分级负责、属地管理和报告机制】

旧	新
第七条第二款 突发事件发生后，发生地县级人民政府应当立即采取措施控制事态发展，组织开展应急救援和处置工作，并立即向上一级人民政府报告，必要时可以越级上报。 **第三款** 突发事件发生地县级人民政府不能消除或者不能有效控制突发事件引起的严重社会危害的，应当及时向上级人民政府报告。上级人民政府应当及时采取措施，统一领导应急处置工作。 **第四款** 法律、行政法规规定由国务院有关部门对突发事件的应对工作负责的，从其规定；地方人民政府应当积极配合并提供必要的支持。	**第十七条** 县级人民政府对本行政区域内突发事件的应对管理工作负责。突发事件发生后，发生地县级人民政府应当立即采取措施控制事态发展，组织开展应急救援和处置工作，并立即向上一级人民政府报告，必要时可以越级上报，具备条件的，应当进行网络直报或者自动速报。 突发事件发生地县级人民政府不能消除或者不能有效控制突发事件引起的严重社会危害的，应当及时向上级人民政府报告。上级人民政府应当及时采取措施，统一领导应急处置工作。 法律、行政法规规定由国务院有关部门对突发事件应对管理工作负责的，从其规定；地方人民政府应当积极配合并提供必要的支持。

▶ 此处的负责，除负责预防和应急准备、监测和预警外，主要是依法采取应急措施控制事态发展，组织开展应急救援和处置工作，向上级报告信息和事态发展情况等，有违这些职责的，就应当依法承担法律责任。

▶ 主要是指组织营救和救治受害人员，疏散、撤离并妥善安置受到威胁的人员，抢修被损坏的公共设施，中止人员密集的活动或者可能导致危害扩大的生产经营活动，启用应急救援物资，组织公民参加应急救援和处置工作，保障生活必需品供应等。

▶ 主要是指发生了或者演变成重大和特别重大突发事件，或者演变成超越本县行政区域的突发事件。

要点注释

本条是对分级负责、属地管理为主原则的具体化，有利于划清权界、明确责任、协同联动，提高应急反应的时效和能力。

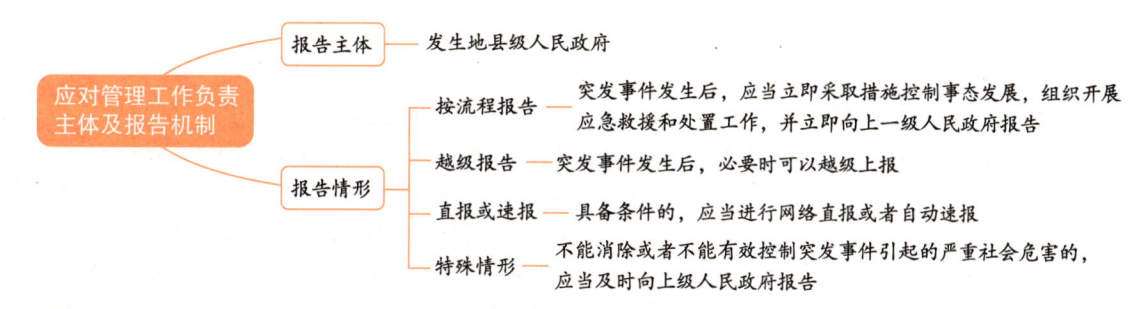

思维导图

```
应对管理工作负责          ┌─ 报告主体 ── 发生地县级人民政府
主体及报告机制 ──┤
                          │              ┌─ 按流程报告 ── 突发事件发生后，应当立即采取措施控制事态发展，组织开展
                          │              │                应急救援和处置工作，并立即向上一级人民政府报告
                          │              │
                          └─ 报告情形 ──┤─ 越级报告 ─── 突发事件发生后，必要时可以越级上报
                                         │
                                         │─ 直报或速报 ─ 具备条件的，应当进行网络直报或者自动速报
                                         │
                                         └─ 特殊情形 ─── 不能消除或者不能有效控制突发事件引起的严重社会危害的，
                                                         应当及时向上级人民政府报告
```

拓展适用

《自然灾害救助条例》
第 16 条、第 17 条

定期进行检查、监控，并责令有关单位采取安全防范措施。但镇政府没有及时上报和处理，而直接对案涉房屋进行拆除，属于严重的实体及程序违法。

案例精析

罗某某诉镇人民政府房屋拆迁管理（拆迁）案

案号：（2024）云 08 行终 3 号
来源：中国裁判文书网

裁判要点

某镇人民政府在发现确有可能引发自然灾害、事故灾难和公共卫生事件的危险源、危险区域时，应当及时上报县级人民政府，且需要由县级人民政府进行必要的调查、登记、风险评估，

第十八条 【协调配合与协同应对】

旧	新
第七条第一款 县级人民政府对本行政区域内突发事件的应对工作负责；涉及两个以上行政区域的，由有关行政区域共同的上一级人民政府负责，或者由各有关行政区域的上一级人民政府共同负责。	**第十八条** 突发事件涉及两个以上行政区域的，其应对管理工作由有关行政区域共同的上一级人民政府负责，或者由各有关行政区域的上一级人民政府共同负责。共同负责的人民政府应当按照国家有关规定，建立信息共享和协调配合机制。根据共同应对突发事件的需要，地方人民政府之间可以建立协同应对机制。

要点注释

本条明确，对涉及两个以上行政区域的突发事件，不论是哪一类型或者哪一级别的突发事件，其应对工作由有关行政区域共同的上一级人民政府负责。

此外，考虑到突发事件应对跨地域、综合性等特点，对共同负责的人民政府规定两项行之有效的工作机制：一是信息共享和协调配合机制，通常国家已有相关规定，应按照规定要求予以落实。二是协同应对机制，根据共同应对突发事件的需要和实际情况建立。

思维导图

协调应对
- 仅涉及一个行政区域的 —— 县级人民政府对本行政区域内突发事件的应对管理工作负责
- 涉及两个以上行政区域的
  - 由有关行政区域共同的上一级人民政府负责
  - 由各有关行政区域的上一级人民政府共同负责

第十九条 【行政领导机关和应急指挥机构】

旧	新
第九条 国务院和县级以上地方各级人民政府是突发事件应对工作的行政领导机关，其办事机构及具体职责由国务院规定。 **第八条第一款、第二款** 国务院在总理领导下研究、决定和部署特别重大突发事件的应对工作；根据实际需要，设立国家突发事件应急指挥机构，负责突发事件应对工作；必要时，国务院可以派出工作组指导有关工作。 县级以上地方各级人民政府设立由本级人民政府主要负责人、相关部门负责人、驻当地中国人民解放军和中国人民武装警察部队有关负责人组成的突发事件应急指挥机构，统一领导、协调本级人民政府各有关部门和下级人民政府开展突发事件应对工作；根据实际需要，设立相关类别突发事件应急指挥机构，组织、协调、指挥突发事件应对工作。	**第十九条** 县级以上人民政府是突发事件应对**管理**工作的行政领导机关。 国务院在总理领导下研究、决定和部署特别重大突发事件的应对工作；根据实际需要，设立国家突发事件应急指挥机构，负责突发事件应对工作；必要时，国务院可以派出工作组指导有关工作。 县级以上地方人民政府设立由本级人民政府主要负责人、相关部门负责人、**国家综合性消防救援队伍和**驻当地中国人民解放军、中国人民武装警察部队有关负责人**等**组成的突发事件应急指挥机构，统一领导、协调本级人民政府各有关部门和下级人民政府开展突发事件应对工作；根据实际需要，设立相关类别突发事件应急指挥机构，组织、协调、指挥突发事件应对工作。

▶既包括相关领域的突发事件应急指挥机构，也包括综合性的应急指挥机构。

▶通常适用情形为在全国范围内发生的特别重大突发事件、在一个或者多个区域内发生重大或者特别重大突发事件或者导致突发事件发生的原因专业性、技术性较强。

思维导图

- **突发事件应对工作相关机关及职能**
  - **县级以上人民政府**
    - 地位 —— 行政领导机关
    - 职能
      - 设立突发事件应急指挥机构
      - 根据实际需要，设立相关类别突发事件应急指挥机构，组织、协调、指挥突发事件应对管理工作
  - **国务院**
    - 职能
      - 特别重大突发事件的应对工作
      - 根据实际需要，设立国家突发事件应急指挥机构
      - 必要时，国务院可以派出工作组
  - **县级以上人民政府突发事件应急指挥机构**
    - 组成
      - 本级人民政府主要负责人
      - 相关部门负责人
      - 国家综合性消防救援队伍
      - 驻当地中国人民解放军、中国人民武装警察部队有关负责人
    - 职能 —— 统一领导、协调本级人民政府各有关部门和下级人民政府开展突发事件应对工作

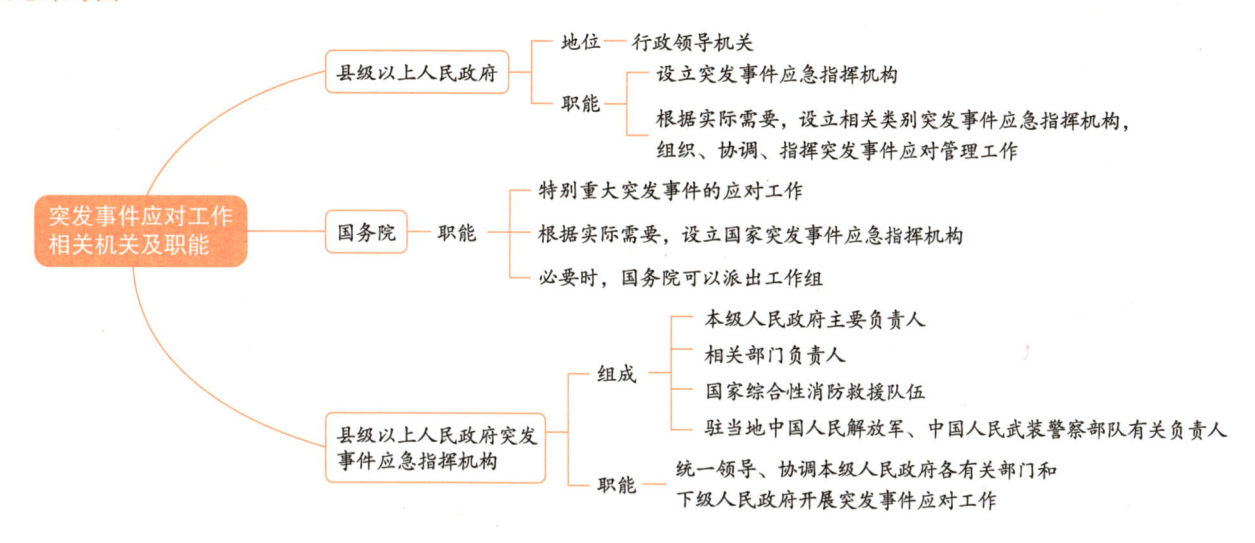

案例精析

于某某诉某街道办事处侵权类行政纠纷案

案号：（2020）鲁01行终616号
来源：中国裁判文书网

裁判要点

根据《突发事件应对法》，上级人民政府主管部门应当在各自职责范围内，指导、协助下级人民政府及其相应部门做好有关突发事件的应对工作。根据该规定，对应急事件的处理应属于行政机关的职责范畴，村民委员会是基层群众自治组织，不具有应对突发事件的法定职责，其对突发事件的处理在性质上通常应属于受有权行政机关的委托。某村委会受某街道办事处的委托组织实施拆除涉案墙体，当事人就涉案墙体拆除行为提起诉讼，以某街道办事处为被告并无不当。

此外，虽实施涉案拆除行为是在涉案墙体已经部分损毁的情况下，为避免该墙体在台风过境期间倒塌威胁群众生命安全，但该行为在性质上并不是加强自然灾害风险防治措施，故强制拆除涉案墙体行为违法。

第二十条 【应急指挥机构职责权限】

> 第二十条 突发事件应急指挥机构在突发事件应对过程中可以依法发布有关突发事件应对的决定、命令、措施。突发事件应急指挥机构发布的决定、命令、措施与设立它的人民政府发布的决定、命令、措施具有同等效力,法律责任由设立它的人民政府承担。

要点注释

本条为新增规定,明确了突发事件应急指挥机构发布的决定、命令、措施的效力,其与设立应急指挥机构的人民政府发布的决定、命令、措施具有同等效力。同时,也明确了责任承担的主体,即"法律责任由设立它的人民政府承担"。

思维导图

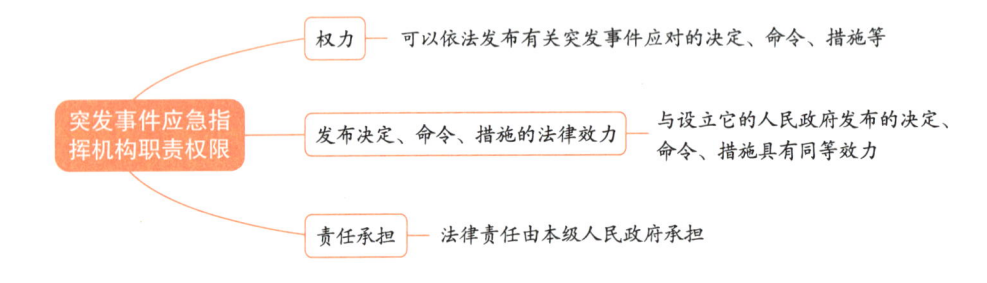

突发事件应急指挥机构职责权限
- 权力 —— 可以依法发布有关突发事件应对的决定、命令、措施等
- 发布决定、命令、措施的法律效力 —— 与设立它的人民政府发布的决定、命令、措施具有同等效力
- 责任承担 —— 法律责任由本级人民政府承担

第二十一条 【部门职责】

旧	新
第八条第三款 上级人民政府主管部门应当在各自职责范围内，指导、协助下级人民政府及其相应部门做好有关突发事件的应对工作。	第二十一条 县级以上人民政府应急管理部门和卫生健康、公安等有关部门应当在各自职责范围内**做好**有关突发事件应对**管理**工作，并指导、协助下级人民政府及其相应部门做好有关突发事件的应对**管理**工作。

◆ 思维导图

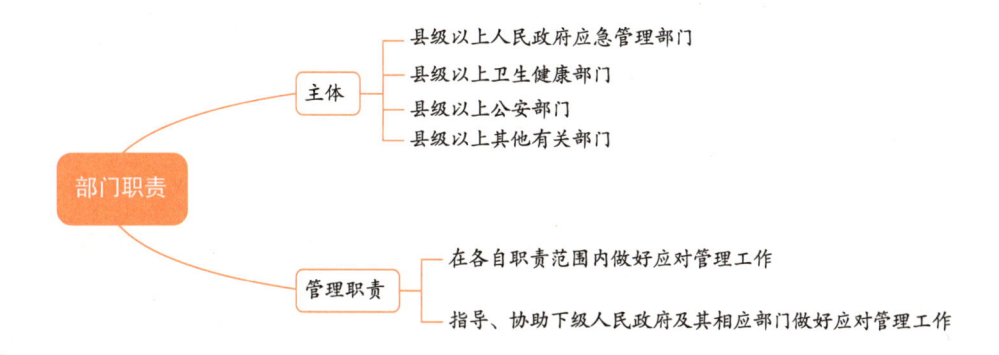

部门职责
- 主体
  - 县级以上人民政府应急管理部门
  - 县级以上卫生健康部门
  - 县级以上公安部门
  - 县级以上其他有关部门
- 管理职责
  - 在各自职责范围内做好应对管理工作
  - 指导、协助下级人民政府及其相应部门做好应对管理工作

拓展适用

《消防安全责任制实施办法》
第6条

第二十二条 【基层职责】

第二十二条 乡级人民政府、街道办事处应当明确专门工作力量,负责突发事件应对有关工作。
居民委员会、村民委员会依法协助人民政府和有关部门做好突发事件应对工作。

要点注释

本条为新增规定,明确了基层突发事件应对管理工作中,乡级人民政府、街道办事处、居民委员会、村民委员会的职责。

思维导图

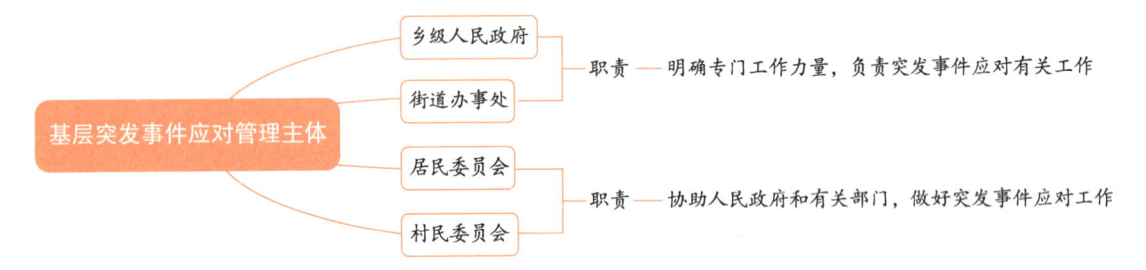

基层突发事件应对管理主体
- 乡级人民政府
- 街道办事处
  - 职责——明确专门工作力量,负责突发事件应对有关工作
- 居民委员会
- 村民委员会
  - 职责——协助人民政府和有关部门,做好突发事件应对工作

拓展适用

《消防安全责任制实施办法》
第9条

第二十三条 【公民、法人和其他组织义务】

旧	新
第十一条第二款 公民、法人和其他组织有义务参与突发事件应对工作。	**第二十三条** 公民、法人和其他组织有义务参与突发事件应对工作。

要点注释

　　应对突发事件是政府和社会大众共同的责任。在应对突发事件中，为了维护公共利益和社会秩序，不仅需要公民、法人和其他组织积极参与有关突发事件应对工作，如开展自救、互救，参加应急救援工作，协助维护社会秩序，还需要履行特定义务，包括报告突发事件信息，服从决定、命令，配合人民政府采取的应急措施等。公民、法人和其他组织依法履行好这些义务，才能保证突发事件应对工作顺利进行，事态才能控制，危害才能减少。本条的规定体现了对公民、法人和其他组织合法权益的保护与公民、法人和其他组织履行法定义务的统一。

第二十四条 【解放军、武警部队和民兵组织参与】

旧	新
第十四条 中国人民解放军、中国人民武装警察部队和民兵组织依照本法和其他有关法律、行政法规、军事法规的规定以及国务院、中央军事委员会的命令，参加突发事件的应急救援和处置工作。	**第二十四条** 中国人民解放军、中国人民武装警察部队和民兵组织依照本法和其他有关法律、行政法规、军事法规的规定以及国务院、中央军事委员会的命令，参加突发事件的应急救援和处置工作。

要点注释

考虑到军队和民兵在何种情况下参加突发事件应急救援和处置工作，以及如何参加、派多少人参加等问题比较复杂，需要根据突发事件的性质、范围、危害等因素，有计划地做出判断。因此，本条对军队和民兵参加突发事件应急救援和处置工作只作原则性规定，参加的具体条件、情形等事项依照其他有关法律、行政法规、军事法规的规定以及国务院、中央军委的命令确定。

思维导图

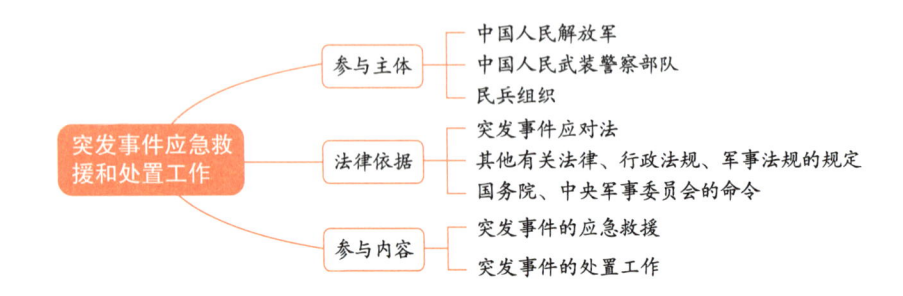

突发事件应急救援和处置工作
- 参与主体
  - 中国人民解放军
  - 中国人民武装警察部队
  - 民兵组织
- 法律依据
  - 突发事件应对法
  - 其他有关法律、行政法规、军事法规的规定
  - 国务院、中央军事委员会的命令
- 参与内容
  - 突发事件的应急救援
  - 突发事件的处置工作

拓展适用

《防洪法》
第 43 条

《防震减灾法》
第 9 条、第 51 条

《军队参加抢险救灾条例》
第 4 条

《突发公共卫生事件应急条例》
第 53 条

第二十五条　【本级人大监督】

旧	新
第十六条　县级以上人民政府**作出**应对突发事件的决定、命令，应当报本级人民代表大会常务委员会备案；突发事件应急处置工作结束后，应当向本级人民代表大会常务委员会作出专项工作报告。	**第二十五条**　县级以上人民政府**及其设立的突发事件应急指挥机构发布的有关**突发事件应对的决定、命令、**措施**，应当**及时**报本级人民代表大会常务委员会备案；突发事件应急处置工作结束后，应当向本级人民代表大会常务委员会作出专项工作报告。

要点注释

根据本条规定，县级以上地方各级人民政府接受本级人大常委会的监督有两种形式：一是备案监督，指县级以上各级人民政府及其设立的突发事件应急指挥机构作出应对突发事件的决定、命令、措施，应当报本级人大常委会备案。二是工作监督，指县级以上各级人民政府及其设立的突发事件应急指挥机构在突发事件应急处置工作结束后，应当向本级人大常委会作出专项报告。这个专项报告的内容应包括突发事件及其应对的基本情况、应对工作的经验与不足、需要完善的制度和措施、恢复与重建的设想等。因此，向本级人大常委会作出专项报告是在应急处置工作结束之后、恢复与重建开始之前。

思维导图

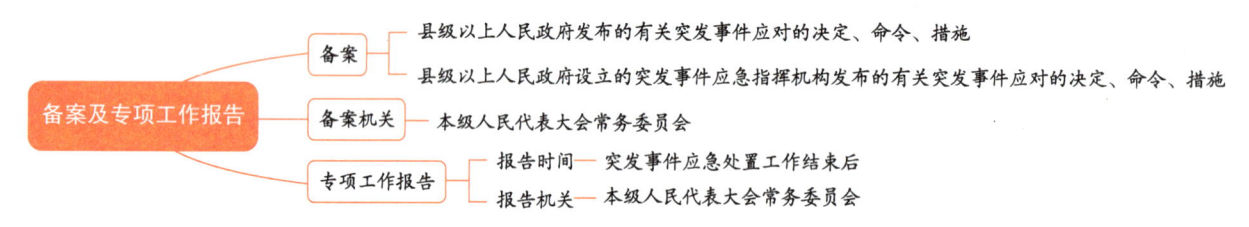

- **备案及专项工作报告**
  - 备案
    - 县级以上人民政府发布的有关突发事件应对的决定、命令、措施
    - 县级以上人民政府设立的突发事件应急指挥机构发布的有关突发事件应对的决定、命令、措施
  - 备案机关 —— 本级人民代表大会常务委员会
  - 专项工作报告
    - 报告时间 —— 突发事件应急处置工作结束后
    - 报告机关 —— 本级人民代表大会常务委员会

第三章　预防与应急准备

第二十六条　【应急预案体系】

旧	新
第十七条第一款、第二款、第三款　国家建立健全突发事件应急预案体系。 国务院制定国家突发事件总体应急预案，组织制定国家突发事件专项应急预案；国务院有关部门根据各自的职责和国务院相关应急预案，制定国家突发事件部门应急预案。 地方各级人民政府和县级以上地方各级人民政府有关部门根据有关法律、法规、规章、上级人民政府及其有关部门的应急预案以及本地区的实际情况，制定相应的突发事件应急预案。	第二十六条　国家建立健全突发事件应急预案体系。 国务院制定国家突发事件总体应急预案，组织制定国家突发事件专项应急预案；国务院有关部门根据各自的职责和国务院相关应急预案，制定国家突发事件部门应急预案**并报国务院备案**。 地方各级人民政府和县级以上地方人民政府有关部门根据有关法律、法规、规章、上级人民政府及其有关部门的应急预案以及本地区、**本部门**的实际情况，制定相应的突发事件应急预案**并按国务院有关规定备案**。

▶ 是指应对自然灾害、事故灾难、公共卫生事件等突发事件的应急管理、指挥、救援计划，一般建立在综合防灾规划之上，主要包括应急组织管理指挥系统，应急工程救援保障体系，综合协调、应对自如的相互支持系统，充分备灾的保障供应体系，体现综合救援的应急队伍等几大子系统。

▶ 全国应急预案体系的总纲和指导文件，适用于涉及跨省级行政区划的，或者超出事发地省级人民政府处置能力的特别重大突发事件应对工作。

▶ 国务院及其有关部门为应对某一类型或者某几种类型突发事件制定的应急预案。

思维导图

- 突发事件应急预案体系
  - 负责机关
    - 国务院
    - 国务院有关部门
    - 地方各级人民政府
    - 县级以上地方人民政府有关部门
  - 职能
    - 国务院
      - 制定——国家突发事件总体应急预案
      - 组织制定——国家突发事件专项应急预案
    - 国务院有关部门——制定——国家突发事件部门应急预案并报国务院备案
    - 地方各级人民政府和县级以上地方人民政府有关部门——根据有关法律、法规、规章、上级人民政府及其有关部门的应急预案以及本地区、本部门的实际情况，制定相应的突发事件应急预案并按国务院有关规定备案

案例精析

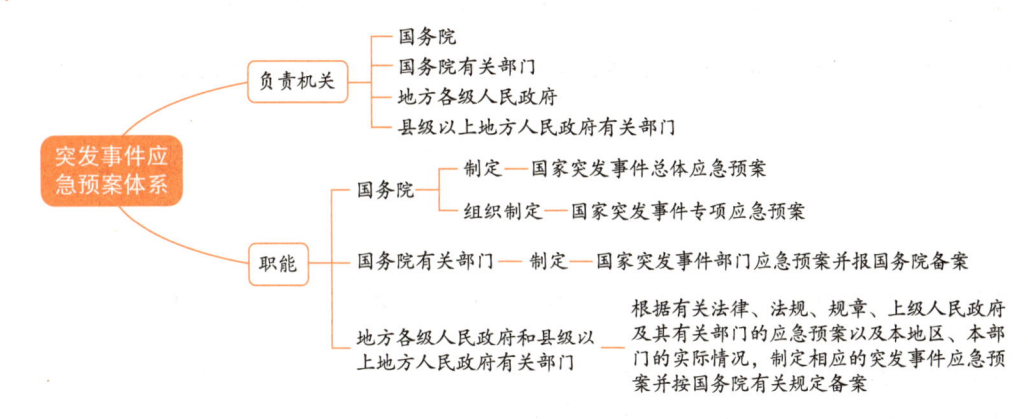

陆某诉某市人民政府行政复议案

案号：（2018）苏行终 2066 号
来源：中国裁判文书网

裁判要点

《政府信息公开条例》第十条第十项规定，县级以上各级人民政府及其部门应当依照本条例第九条的规定，在各自职责范围内确定主动公开的政府信息的具体内容，并重点公开突发公共事件的应急预案、预警信息及应对情况。《突发事件应对法》规定，地方各级人民政府和县级以上地方人民政府有关部门根据有关法律法规、规章、上级人民政府及其有关部门的应急预案以及本地区的实际情况，制定相应的突发事件应急预案；发布三级、四级警报，宣布进入预警期后，县级以上地方各级人民政府应当根据即将发生的突发事件的特点和可能造成的危害，定时向社会发布与公众有关的突发事件预测信息和分析评估结果；履行统一领导职责或者组织处置突发事件的人民政府，应当按照有关规定统一、准确、及时发布有关突发事件事态发展和应急处置工作的信息。

某村江堤崩岸事故发生的专家组分析调查报告、崩岸发生后江堤修复及防止类似事故再次发生的解决议案、整修江堤发生的一切费用及使用明细，结合《突发事件应对法》的相关规定，上述信息不属于《政府信息公开条例》第十条第十项规定的应当主动公开的突发公共事件应急预案、预警信息及应对情况。

第二十七条 【应急预案衔接】

第二十七条 县级以上人民政府应急管理部门指导突发事件应急预案体系建设,综合协调应急预案衔接工作,增强有关应急预案的衔接性和实效性。

要点注释

本条为新增条文。为保证应急预案的衔接性和实效性,本条规定由应急管理部门作为应急预案体系建设的指导部门,综合协调应急预案衔接工作。

此外,应急预案的制定体现出一定程度的专业化,这就要求该预案制定时既要考虑实效性,明确具体的操作规则,又要考虑衔接性,这是因为突发事件应对往往是综合性工程,涉及多个部门的各司其职与协同配合。

思维导图

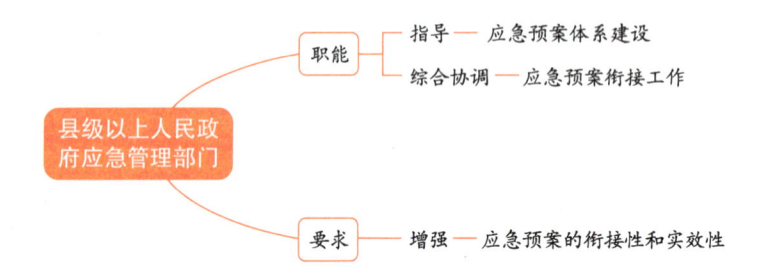

县级以上人民政府应急管理部门
- 职能
  - 指导 —— 应急预案体系建设
  - 综合协调 —— 应急预案衔接工作
- 要求
  - 增强 —— 应急预案的衔接性和实效性

拓展适用

《国家地震应急预案》
第 5.1 条

第二十八条 【应急预案制定依据与内容】

旧	新
第十八条　应急预案应当根据本法和其他有关法律、法规的规定，针对突发事件的性质、特点和可能造成的社会危害，具体规定突发事件<u>应急</u>管理工作的组织指挥体系与职责和突发事件的预防与预警机制、处置程序、应急保障措施以及事后恢复与重建措施等内容。	第二十八条　应急预案应当根据本法和其他有关法律、法规的规定，针对突发事件的性质、特点和可能造成的社会危害，具体规定突发事件**应对**管理工作的组织指挥体系与职责和突发事件的预防与预警机制、处置程序、应急保障措施以及事后恢复与重建措施等内容。 　　应急预案制定机关应当广泛听取有关部门、单位、专家和社会各方面意见，增强应急预案的针对性和可操作性，并根据实际需要、情势变化、应急演练中发现的问题等及时对应急预案作出修订。 　　应急预案的制定、修订、备案等工作程序和管理办法由国务院规定。

要点注释

　　应急预案作为应对突发事件的具体工作方案，既要根据有关法律、法规的规定制定，又要对法律、法规的规定作进一步细化，重点是要根据各类突发事件的不同性质、特点和可能造成的社会危害程度，作出有针对性的、便于实际操作的具体规定。因此，各级政府和政府有关部门制定的应急预案，应当对突发事件的预测预警、信息报告、应急响应与应急处置、恢复重建和调查评估等机制作出明确规定，形成包含事前、事发、事中、事后等各环节的一整套工作运行机制。

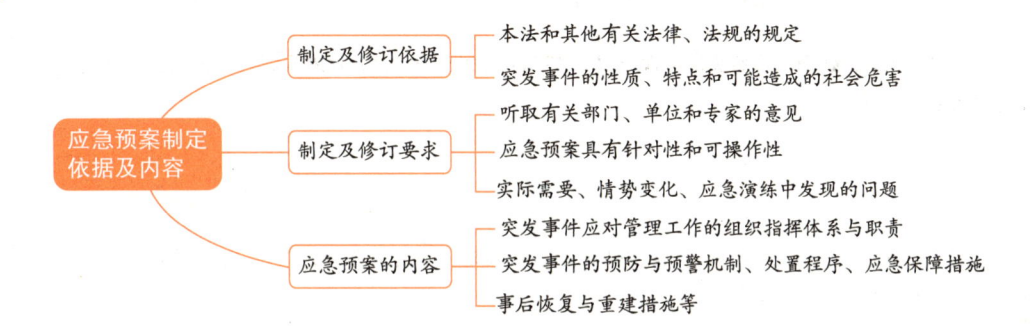

思维导图

- 应急预案制定依据及内容
  - 制定及修订依据
    - 本法和其他有关法律、法规的规定
    - 突发事件的性质、特点和可能造成的社会危害
  - 制定及修订要求
    - 听取有关部门、单位和专家的意见
    - 应急预案具有针对性和可操作性
    - 实际需要、情势变化、应急演练中发现的问题
  - 应急预案的内容
    - 突发事件应对管理工作的组织指挥体系与职责
    - 突发事件的预防与预警机制、处置程序、应急保障措施
    - 事后恢复与重建措施等

拓展适用

《国务院有关部门和单位制定和修订突发公共事件应急预案框架指南》
《国家自然灾害救助应急预案》
《国家安全生产事故灾难应急预案》

第二十九条 【应急体系建设规划】

第二十九条 县级以上人民政府应当将突发事件应对工作纳入国民经济和社会发展规划。县级以上人民政府有关部门应当制定突发事件应急体系建设规划。

要点注释

本条为新增规定。突发事件应对工作纳入国民经济和社会发展规划,体现了突发事件应对工作的重要性,也体现了政府有关部门对突发事件坚持"防患于未然"的理念。

拓展适用

《水法》
第15条

《防震减灾法》
第4条

《水文条例》
第3条

《海洋观测预报管理条例》
第3条

《抗旱条例》
第4条

《气象灾害防御条例》
第4条

《城镇燃气管理条例》
第8条

第三十条 【国土空间规划等考虑预防和处置突发事件】

旧	新
第十九条 城乡规划应当符合预防、处置突发事件的需要，统筹安排应对突发事件所必需的设备和基础设施建设，合理确定应急避难场所。	第三十条 国土空间规划等规划应当符合预防、处置突发事件的需要，统筹安排突发事件应对工作所必需的设备和基础设施建设，合理确定应急避难、封闭隔离、紧急医疗救治等场所，实现日常使用和应急使用的相互转换。

◆ 思维导图

国土空间规划应合理确定的场所
- 应急避难场所
- 封闭隔离场所
- 紧急医疗救治等场所

拓展适用

《安全生产法》
第 8 条

第三十一条 【应急避难场所标准体系】

第三十一条 国务院应急管理部门会同卫生健康、自然资源、住房城乡建设等部门统筹、指导全国应急避难场所的建设和管理工作,建立健全应急避难场所标准体系。县级以上地方人民政府负责本行政区域内应急避难场所的规划、建设和管理工作。

要点注释

本条为新增规定,明确了应急避难场所标准体系及对上述场所的规划、建设和管理工作要求。

思维导图

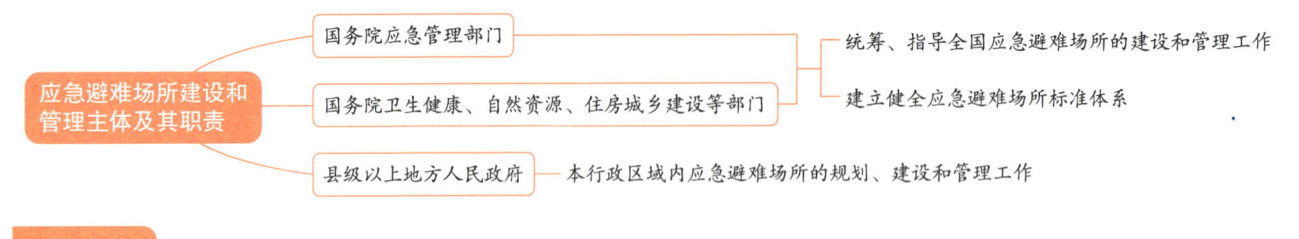

应急避难场所建设和管理主体及其职责
- 国务院应急管理部门 —— 统筹、指导全国应急避难场所的建设和管理工作
- 国务院卫生健康、自然资源、住房城乡建设等部门 —— 建立健全应急避难场所标准体系
- 县级以上地方人民政府 —— 本行政区域内应急避难场所的规划、建设和管理工作

拓展适用

《防震减灾法》
　　第41条

《自然灾害救助条例》
　　第11条

第三十二条 【突发事件风险评估体系】

旧	新
第五条 突发事件应对工作实行预防为主、预防与应急相结合的原则。国家建立重大突发事件风险评估体系，对可能发生的突发事件进行综合性评估，减少重大突发事件的发生，最大限度地减轻重大突发事件的影响。	第三十二条 国家建立健全突发事件风险评估体系，对可能发生的突发事件进行综合性评估，**有针对性地采取有效防范措施**，减少突发事件的发生，最大限度减轻突发事件的影响。

> 是指根据一个国家或地区有关突发事件在过去和现在的数据、情报和资料，运用逻辑推理和科学预测的方法、技术，对公共危机的出现及未来发展趋势和演变规律等作出的估计和推断，进而指导人们有计划、有步骤地进行公共危机预防和应对的一系列活动。

拓展适用

《海洋观测预报管理条例》
第 27 条
《气象灾害防御条例》
第 10 条、第 11 条
《突发事件应急预案管理办法》
第 24 条至第 27 条
《防雷减灾管理办法》
第 27 条

第三十三条 【安全防范措施】

旧	新
第二十条　县级人民政府应当对本行政区域内容易引发自然灾害、事故灾难和公共卫生事件的危险源、危险区域进行调查、登记、风险评估，定期进行检查、监控，并责令有关单位采取安全防范措施。 省级和设区的市级人民政府应当对本行政区域内容易引发特别重大、重大突发事件的危险源、危险区域进行调查、登记、风险评估，组织进行检查、监控，并责令有关单位采取安全防范措施。 县级以上地方各级人民政府按照本法规定登记的危险源、危险区域，应当按照国家规定及时向社会公布。	第三十三条　县级人民政府应当对本行政区域内容易引发自然灾害、事故灾难和公共卫生事件的危险源、危险区域进行调查、登记、风险评估，定期进行检查、监控，并责令有关单位采取安全防范措施。 省级和设区的市级人民政府应当对本行政区域内容易引发特别重大、重大突发事件的危险源、危险区域进行调查、登记、风险评估，组织进行检查、监控，并责令有关单位采取安全防范措施。 县级以上地方人民政府**应当根据情况变化，及时调整**危险源、危险区域的登记。登记的危险源、危险区域及其基础信息，应当按照国家**有关规定**接入突发事件信息系统，并及时向社会公布。

> 有两层含义：一是按照国家有关规定必须向社会公布，应当及时向社会公布。二是按照国家有关规定应当予以保密的情况，不应公布。

要点注释

对危险源、危险区域进行调查、登记，是突发事件预防与应急准备的重要基础性工作。县级人民政府应当组织有关部门对本行政区域内的危险源、危险区域进行全面普查，并对普查情况登记造册。全面普查工作结束后，还应当根据情势变化如出现了新的危险源、危险区域，及时对登记册予以更新。为了做好危险源、危险区域的调查、登记工作，县级人民政府可以制定具体办法，建立部门信息共享、人民群众报告等方面的具体制度和机制。同时，可以建立有关制度，要求在本行政区域内进行高风险作业的企事业单位，及时主动向所在地人民政府或者政府有关部门报告。科学地对危险源、危险区域发生突发事件的风险进行评估，可以为有效预防、正确处置可能发生的突发事件，完善应对突发事件的基础条件，优化资源配置，降低发生突发事件的风险等工作提供科学依据。

县级以上地方人民政府在通过开展调查、登记和风险评估工作，摸清本行政区域内危险源、危险区域的基本情况后，县级人民政府应当定期对这些危险源、危险区域进行检查，发现问题及时处理，以便消除引发突发事件的各种隐患，且要采取措施对这些危险源、危险区域进行全天候的监控。同时，还要对有关单位采取安全防范措施的情况进行监督，责令其根据有关法律、法规、规章或者安全生产规范的要求，完善监测管理措施，确保安全。

思维导图

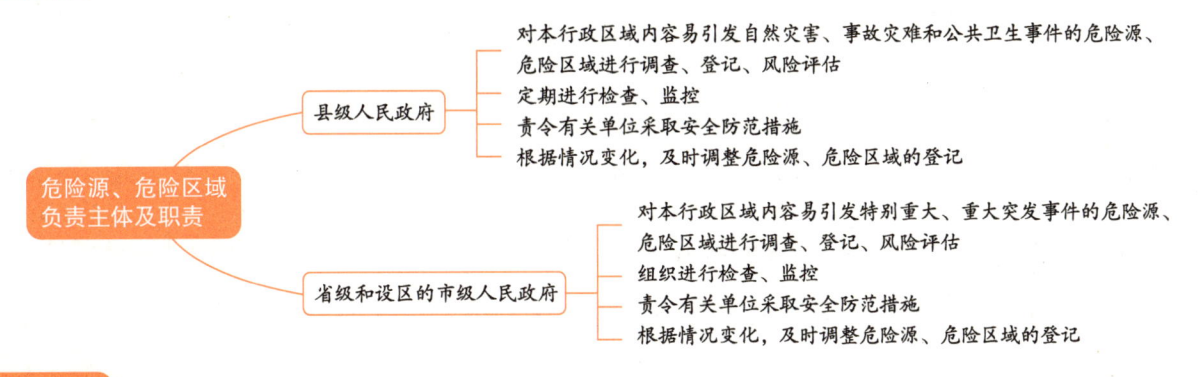

危险源、危险区域负责主体及职责

- 县级人民政府
  - 对本行政区域内容易引发自然灾害、事故灾难和公共卫生事件的危险源、危险区域进行调查、登记、风险评估
  - 定期进行检查、监控
  - 责令有关单位采取安全防范措施
  - 根据情况变化，及时调整危险源、危险区域的登记

- 省级和设区的市级人民政府
  - 对本行政区域内容易引发特别重大、重大突发事件的危险源、危险区域进行调查、登记、风险评估
  - 组织进行检查、监控
  - 责令有关单位采取安全防范措施
  - 根据情况变化，及时调整危险源、危险区域的登记

拓展适用

《突发事件应急预案管理办法》
第15条

《交通运输突发事件应急管理规定》
第26条

第三十四条 【及时调处矛盾纠纷】

旧	新
第二十一条 县级人民政府及其有关部门、乡级人民政府、街道办事处、居民委员会、村民委员会应当及时调解处理可能引发社会安全事件的矛盾纠纷。	**第三十四条** 县级人民政府及其有关部门、乡级人民政府、街道办事处、居民委员会、村民委员会应当及时调解处理可能引发社会安全事件的矛盾纠纷。

要点注释

县级人民政府及其有关部门、乡镇人民政府和居委会、村委会等群众自治组织,其工作往往直接与广大人民群众接触,能够及时了解到人民群众的思想状况和他们之间存在的矛盾纠纷。因此,这些基层行政机关和群众自治组织应当大力开展矛盾纠纷的排查和调处工作,及时化解各种矛盾纠纷,并加强思想政治工作,解决人民群众思想上存在的问题,以避免矛盾纠纷激化或者群众产生过激行为,引发社会安全事件。

在开展这些工作过程中,基层人民政府和街道办事处还应当充分发挥人民调解委员会的作用,并对其工作给予大力支持和指导。

◔ 思维导图

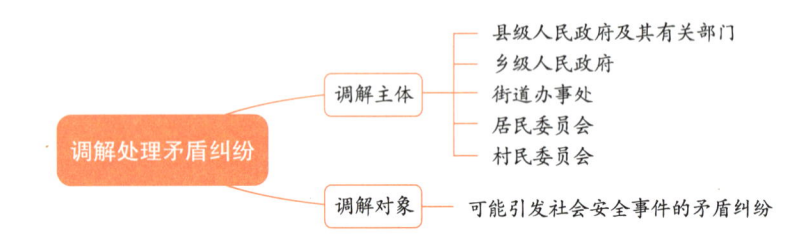

调解处理矛盾纠纷
- 调解主体
  - 县级人民政府及其有关部门
  - 乡级人民政府
  - 街道办事处
  - 居民委员会
  - 村民委员会
- 调解对象
  - 可能引发社会安全事件的矛盾纠纷

> **拓展适用**
>
> 《国家安全法》
> 第 29 条
>
> 《人民调解委员会组织条例》
>
> 《国家地震应急预案》
> 第 5.7 条
>
> 《国家城市轨道交通运营突发事件应急预案》
> 第 4.2.7 条

第三十五条 【安全管理制度】

旧	新
第二十二条 所有单位应当建立健全安全管理制度，定期检查本单位各项安全防范措施的落实情况，及时消除事故隐患；掌握并及时处理本单位存在的可能引发社会安全事件的问题，防止矛盾激化和事态扩大；对本单位可能发生的突发事件和采取安全防范措施的情况，应当按照规定及时向所在地人民政府或者人民政府有关部门报告。	**第三十五条** 所有单位应当建立健全安全管理制度，**定期开展危险源辨识评估，制定安全防范措施**；定期检查本单位各项安全防范措施的落实情况，及时消除事故隐患；掌握并及时处理本单位存在的可能引发社会安全事件的问题，防止矛盾激化和事态扩大；对本单位可能发生的突发事件和采取安全防范措施的情况，应当按照规定及时向所在地人民政府或者有关部门报告。

要点注释

根据本条规定，各单位都要对本单位落实各项安全防范措施的情况定期进行检查，逐一排查可能引发突发事件的隐患和风险，并及时予以消除。各单位都要注意随时了解、掌握本单位可能引发社会安全事件的各种问题，及时做好矛盾纠纷排查、调处工作，避免矛盾激化和事态扩大。各单位都要按照规定，及时向所在地人民政府或者政府有关部门报告本单位可能发生的突发事件和采取安全防范措施的情况。这主要是为了使地方人民政府能够及时掌握本行政区域内存在的引发各种突发事件的风险和隐患，监督检查有关单位采取安全防范措施，并及时责令或者帮助有关单位消除隐患和风险。这也有利于突发事件发生后，政府或者政府有关部门及时有效地予以处置。

思维导图

- **单位的职责及义务**
  - 建立健全安全管理制度
  - 定期开展危险源辨识评估
  - 安全防范措施的制定
  - 定期检查安全防范措施的落实情况，及时消除事故隐患
  - 掌握并及时处理可能引发社会安全事件的问题
  - 及时向所在地人民政府或者有关部门报告本单位可能发生的突发事件和采取安全防范措施的情况

第三十六条 【矿山和危险物品单位预防义务】

旧	新
第二十三条 矿山、建筑施工单位和易燃易爆物品、危险化学品、放射性物品等危险物品的生产、经营、储运、使用单位，应当制定具体应急预案，并对生产经营场所、有危险物品的建筑物、构筑物及周边环境开展隐患排查，及时采取措施消除隐患，防止发生突发事件。	**第三十六条** 矿山、**金属冶炼**、建筑施工单位和易燃易爆物品、危险化学品、放射性物品等危险物品的生产、经营、**运输**、**储存**、使用单位，应当制定具体应急预案，**配备必要的应急救援器材、设备和物资**，并对生产经营场所、有危险物品的建筑物、构筑物及周边环境开展隐患排查，及时采取措施**管控风险**和消除隐患，防止发生突发事件。

要点注释

　　危险物品的生产、经营、运输、储存、使用单位从事的是高风险的行业，应当比一般单位承担更大的预防突发事件的责任。这类单位必须针对可能发生的突发事件的种类、性质、特点和可能造成的社会危害等情况，制定具体的应急预案。

　　同时，这类单位还必须对其生产经营场所、有危险物品的建筑物、构筑物及周边环境经常进行事故风险隐患的排查工作，全面掌握本单位各类风险隐患情况。

思维导图

- 危险物品相关单位的职责及其义务
  - 单位类别
    - 施工单位
      - 矿山
      - 金属冶炼
      - 建筑
    - 生产、经营、运输、储存、使用单位
      - 易燃易爆物品
      - 危险化学品
      - 放射性物品
      - 各类危险物品
  - 单位职责
    - 制定具体应急预案,配备必要的应急救援器材、设备和物资
    - 对生产经营场所、有危险物品的建筑物、构筑物及周边环境开展隐患排查
    - 及时采取措施管控风险和消除隐患,防止发生突发事件

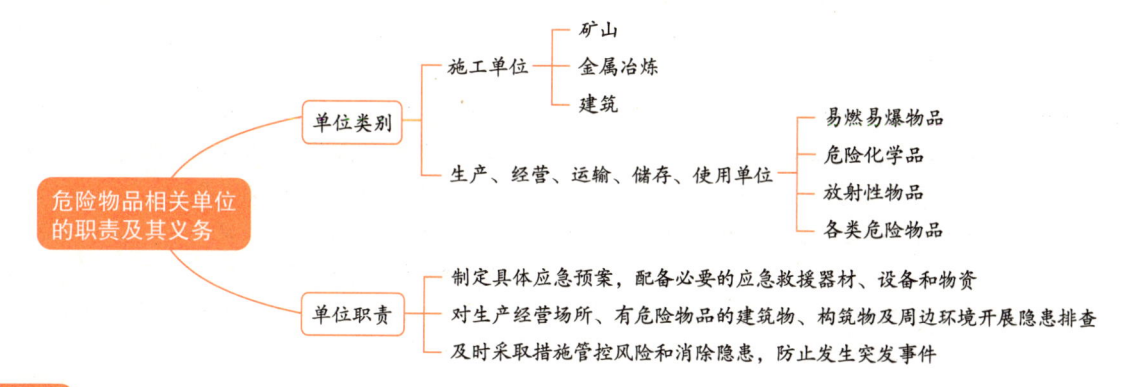

拓展适用

《防汛条例》
第 15 条至第 17 条

第三十七条 【人员密集场所经营单位或者管理单位的预防义务】

旧	新
第二十四条 公共交通工具、公共场所和其他人员密集场所的经营单位或者管理单位应当制定具体应急预案,为交通工具和有关场所配备报警装置和必要的应急救援设备、设施,注明其使用方法,并显著标明安全撤离的通道、路线,保证安全通道、出口的畅通。 有关单位应当定期检测、维护其报警装置和应急救援设备、设施,使其处于良好状态,确保正常使用。	第三十七条 公共交通工具、公共场所和其他人员密集场所的经营单位或者管理单位应当制定具体应急预案,为交通工具和有关场所配备报警装置和必要的应急救援设备、设施,注明其使用方法,并显著标明安全撤离的通道、路线,保证安全通道、出口的畅通。 有关单位应当定期检测、维护其报警装置和应急救援设备、设施,使其处于良好状态,确保正常使用。

要点注释

公共交通工具、公共场所和其他人员密集场所的经营单位或者管理单位,都必须针对各自可能发生的突发事件的种类、性质、特点和可能造成的社会危害等情况,制定具体应急预案。为了及时发现事故隐患、及时发出警报,有关场所的经营单位或者管理单位,必须为有关场所配备监测、报警装置,必要的应急救援设备、设施并注明其使用方法。人员密集场所的经营单位或者管理单位,还必须在这些场所显著标明安全撤离的通道、路线,并确保安全通道、出口的畅通。

思维导图

- **特定经营或管理单位的职责及其义务**
  - 责任主体
    - 经营单位
      - 公共交通工具
      - 公共场所
    - 管理单位
      - 其他人员密集场所
  - 单位职责
    - 制定具体应急预案
    - 配备报警装置
    - 必要的应急救援设备、设施,并注明其使用方法
    - 显著标明安全撤离的通道、路线
    - 定期检测、维护其报警装置和应急救援设备、设施

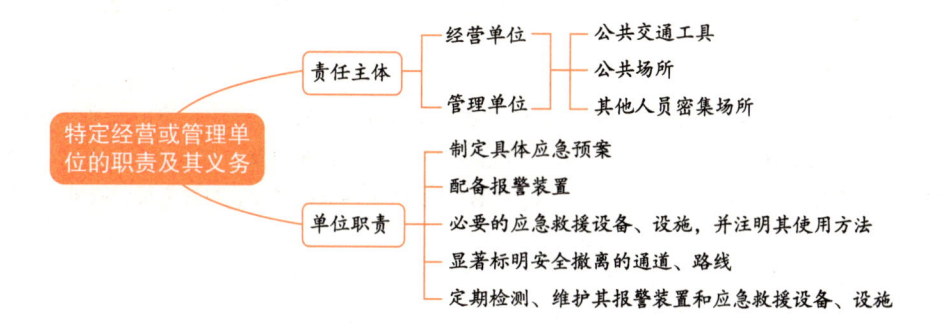

第三十八条 【应对管理培训制度】

旧	新
第二十五条 县级以上人民政府应当建立健全突发事件应急管理培训制度，对人民政府及其有关部门负有处置突发事件职责的工作人员定期进行培训。	**第三十八条** 县级以上人民政府应当建立健全突发事件应对管理培训制度，对人民政府及其有关部门负有突发事件**应对管理**职责的工作人员**以及居民委员会、村民委员会有关人员**定期进行培训。

要点注释

对行政机关有关工作人员定期进行突发事件应急管理知识的培训并建立相应的制度，是县级以上人民政府的职责。县级以上人民政府应当按照该项要求，结合各自实际情况和需要，抓紧制定相应的办法予以落实。

例如，制定本级政府的培训规划，将应急管理知识培训纳入干部教育的课程体系；明确承担培训任务的单位如各级行政学院、具备一定条件的高等院校等。

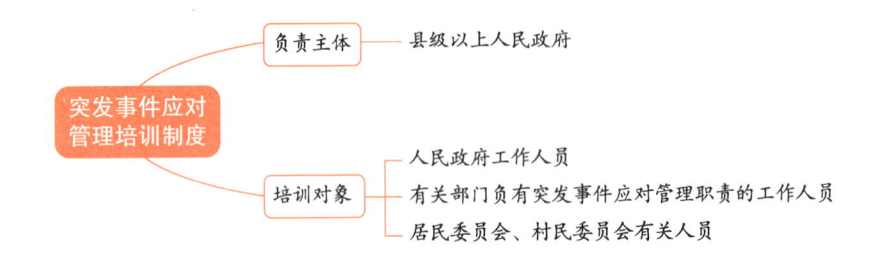

思维导图

突发事件应对管理培训制度
- 负责主体 —— 县级以上人民政府
- 培训对象
  - 人民政府工作人员
  - 有关部门负有突发事件应对管理职责的工作人员
  - 居民委员会、村民委员会有关人员

拓展适用

《突发事件应急预案管理办法》
第 30 条

《国家地震应急预案》
第 8.6 条

第三十九条 【应急救援队伍】

旧	新
第二十六条 县级以上人民政府应当整合应急资源，建立或者确定综合性应急救援队伍。人民政府有关部门可以根据实际需要设立专业应急救援队伍。 县级以上人民政府及其有关部门可以建立由成年志愿者组成的应急救援队伍。单位应当建立由本单位职工组成的专职或者兼职应急救援队伍。 县级以上人民政府应当**加强**专业应急救援队伍与非专业应急救援队伍的**合作**，联合培训、联合演练，提高合成应急、协同应急的能力。	第三十九条 国家综合性消防救援队伍是应急救援的综合性常备骨干力量，按照国家有关规定执行综合应急救援任务。县级以上人民政府有关部门可以根据实际需要设立专业应急救援队伍。 县级以上人民政府及其有关部门可以建立由成年志愿者组成的应急救援队伍。**乡级人民政府、街道办事处和有条件的居民委员会、村民委员会可以建立基层应急救援队伍，及时、就近开展应急救援。**单位应当建立由本单位职工组成的专职或者兼职应急救援队伍。 **国家鼓励和支持社会力量建立提供社会化应急救援服务的应急救援队伍。社会力量建立的应急救援队伍参与突发事件应对工作应当服从履行统一领导职责或者组织处置突发事件的人民政府、突发事件应急指挥机构的统一指挥。** 县级以上人民政府应当**推动**专业应急救援队伍与非专业应急救援队伍联合培训、联合演练，提高合成应急、协同应急的能力。

要点注释

本条第一款将应急救援队伍分为综合性消防救援队伍和专业应急救援队伍，其中前者是国家级应急救援的综合性常备骨干力量，后者由政府有关部门根据实际需要设立。这一点与突发事件应急预案的制定权限相匹配，即人民政府负责制定总体应急预案，各部门制定专业应急预案。

本条第二款规定了政府部门可以建立由成年志愿者组成的应急救援队伍，其他各单位，如企业、事业单位、人民团体等，应当建立由本单位职工组成的专职或者兼职应急救援队伍。

本条第三款规定了应急救援服务中社会力量建立的应急救援队伍。

本条第四款规定了县级以上人民政府应当加强应急救援队伍的培训、演练。专业应急救援队伍与非专业应急救援队伍各有所长，县级以上人民政府应当加强两者之间的合作，通过联合培训、联合演练，提高合成应急、协同应急的能力。

思维导图

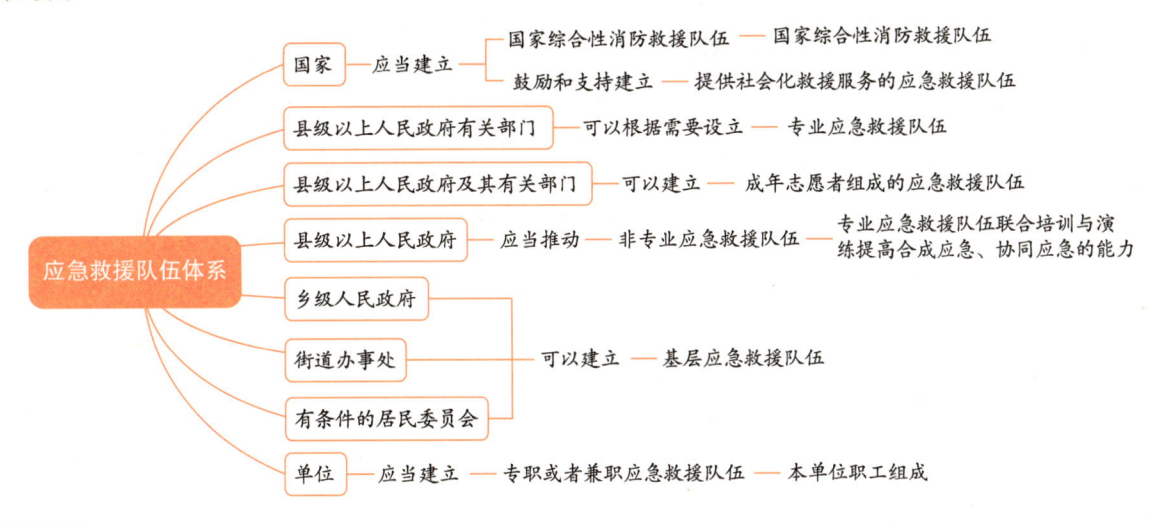

应急救援队伍体系
- 国家 — 应当建立
  - 国家综合性消防救援队伍 — 国家综合性消防救援队伍
  - 鼓励和支持建立 — 提供社会化救援服务的应急救援队伍
- 县级以上人民政府有关部门 — 可以根据需要设立 — 专业应急救援队伍
- 县级以上人民政府及其有关部门 — 可以建立 — 成年志愿者组成的应急救援队伍
- 县级以上人民政府 — 应当推动 — 非专业应急救援队伍 — 专业应急救援队伍联合培训与演练提高合成应急、协同应急的能力
- 乡级人民政府
- 街道办事处 — 可以建立 — 基层应急救援队伍
- 有条件的居民委员会
- 单位 — 应当建立 — 专职或者兼职应急救援队伍 — 本单位职工组成

拓展适用

《生产安全事故应急条例》
第11条、第12条

第四十条 【应急救援人员人身保险和资格要求】

旧	新
第二十七条　国务院有关部门、县级以上地方各级人民政府及其有关部门、有关单位应当为专业应急救援人员购买人身意外伤害保险，配备必要的防护装备和器材，减少应急救援人员的人身风险。	第四十条　地方各级人民政府、县级以上人民政府有关部门、有关单位应当为其组建的应急救援队伍购买人身意外伤害保险，配备必要的防护装备和器材，防范和减少应急救援人员的人身伤害风险。 　　专业应急救援人员应当具备相应的身体条件、专业技能和心理素质，取得国家规定的应急救援职业资格，具体办法由国务院应急管理部门会同国务院有关部门制定。

要点注释

　　本条第一款规定地方各级人民政府、县级以上地方各级人民政府有关部门、有关单位应采取以下具体措施：（1）为专业应急救援人员购买人身意外伤害保险，使其意外受到伤害时，能够得到及时救治和救助；（2）针对专业应急救援人员的工作性质，负责处置的突发事件的种类、性质、特点和可能给应急救援人员造成的伤害，配备相应的防护装备和器材，以便尽可能减少对应急救援人员的人身伤害。

　　本条第二款则对专业应急救援人员应具备的资格和条件作出了规定。

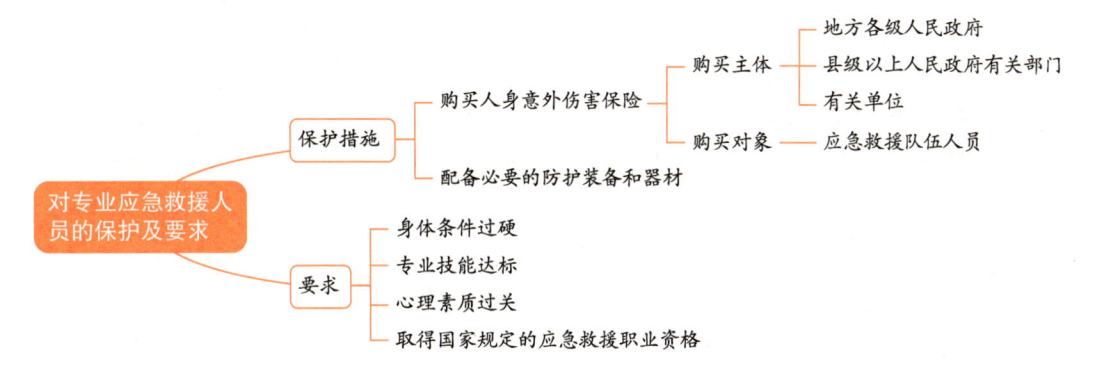

思维导图

- 对专业应急救援人员的保护及要求
  - 保护措施
    - 购买人身意外伤害保险
      - 购买主体
        - 地方各级人民政府
        - 县级以上人民政府有关部门
        - 有关单位
      - 购买对象
        - 应急救援队伍人员
    - 配备必要的防护装备和器材
  - 要求
    - 身体条件过硬
    - 专业技能达标
    - 心理素质过关
    - 取得国家规定的应急救援职业资格

第四十一条 【解放军、武警和民兵组织专门训练】

旧	新
第二十八条　中国人民解放军、中国人民武装警察部队和民兵组织应当有计划地组织开展应急救援的专门训练。	第四十一条　中国人民解放军、中国人民武装警察部队和民兵组织应当有计划地组织开展应急救援的专门训练。

要点注释

人民解放军、武装警察部队和民兵组织在抓好军事训练的同时，应当根据各自的实际情况和任务，制定专门计划，组织开展有关突发事件应急救援知识和技能的培训，组织现役军人、武警部队官兵和民兵开展专门训练。

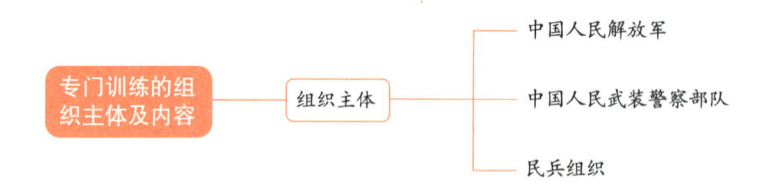

◇思维导图

专门训练的组织主体及内容 — 组织主体
- 中国人民解放军
- 中国人民武装警察部队
- 民兵组织

拓展适用

《兵役法》

《人民武装警察法》

《中国人民解放军现役士兵服役条例》

第四十二条　【应急知识宣传普及和应急演练】

旧	新
第二十九条第一款、第二款　县级人民政府及其有关部门、乡级人民政府、街道办事处应当组织开展应急知识的宣传普及活动和必要的应急演练。 居民委员会、村民委员会、企业事业单位应当根据所在地人民政府的要求，结合各自的实际情况，开展有关突发事件应急知识的宣传普及活动和必要的应急演练。	**第四十二条**　县级人民政府及其有关部门、乡级人民政府、街道办事处应当组织开展**面向社会公众的**应急知识宣传普及活动和必要的应急演练。 居民委员会、村民委员会、企业事业单位、**社会组织**应当根据所在地人民政府的要求，结合各自的实际情况，开展**面向居民、村民、职工等的**应急知识宣传普及活动和必要的应急演练。

要点注释

　　基层的应急能力是应急管理工作的基础，人民群众的积极参与是国家应急管理体系的重要组成部分。在日常生活和工作中，居民委员会、村民委员会、企业事业单位直接与广大人民群众打交道，在应急知识宣传普及、组织开展相关应急演练方面，有许多便利条件。为了充分发挥居民委员会、村民委员会、企业事业单位的作用，本条要求其根据所在地人民政府的要求，结合各自的实际情况，开展有关突发事件应急知识的宣传普及活动和必要的应急演练。村委会、居委会和各企事业单位可以采取定期举办讲座、设置宣传栏、制发宣传手册等方式，向广大群众宣传、普及应急知识；可以组织本社区居民和本单位职工有针对性地开展应急演练活动，如防火灾应急演练等。

思维导图

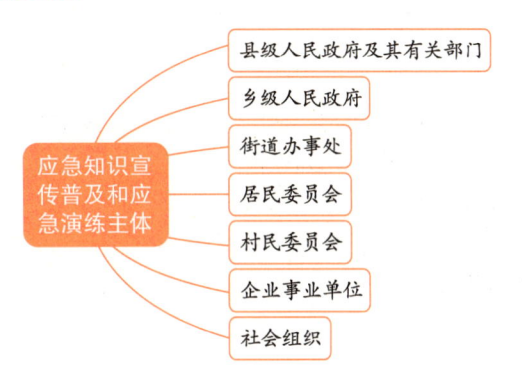

应急知识宣传普及和应急演练主体
- 县级人民政府及其有关部门
- 乡级人民政府
- 街道办事处
- 居民委员会
- 村民委员会
- 企业事业单位
- 社会组织

拓展适用

《自然灾害救助条例》
第6条

《突发公共卫生事件应急条例》
第18条

《突发事件应急预案管理办法》
第31条、第32条、第34条

第四十三条 【学校的应急教育和演练义务】

旧	新
第三十条　各级各类学校应当把应急知识教育纳入教学内容，对学生进行应急知识教育，培养学生的安全意识和自救与互救能力。 教育主管部门应当对学校开展应急知识教育进行指导和监督。	第四十三条　各级各类学校应当把应急教育纳入**教育教学计划**，对学生**及教职工开展**应急知识教育**和应急演练**，培养安全意识，**提高**自救与互救能力。 教育主管部门应当对学校开展应急教育进行指导和监督，应急管理等部门应当给予支持。

要点注释

在紧急情况下的逃生和自救、互救技能，是个人生存能力的重要方面。

学校应当把这类知识的传授，作为学生素质教育的重要内容，确定应急知识教育的教学制度和教学内容，培养学生的安全意识和自救与互救能力。

拓展适用

《防震减灾法》
第 44 条

《森林法》
第 12 条

《安全生产法》
第 28 条

第四十四条 【经费保障】

旧	新
第三十一条　国务院和县级以上地方各级人民政府应当采取财政措施，保障突发事件应对工作所需经费。	第四十四条　各级人民政府应当**将**突发事件应对工作所需经费纳入本级预算，并加强资金管理，提高资金使用绩效。

要点注释

做好各类突发事件应对工作，经费保障是最重要的前提条件。一般来说，容易重视对已发生突发事件的应急处置工作投入经费，而忽视在突发事件的预防、应急准备、监测预警等方面投入资金。因此本条规定，各级人民政府应当采取财政措施，保障突发事件应对工作所需经费。这项规定较好地与《预算法》的规定作了衔接。

按照该规定，各级人民政府不但要继续依照《预算法》的规定设置预备费，用于自然灾害救灾开支等支出，而且还必须采取财政措施，保障各类突发事件的预防、应急准备、监测与预警、应急处置与救援、事后恢复与重建等各方面的经费。

拓展适用

《预算法》
第 40 条、第 52 条、第 54 条、第 69 条

《自然灾害救助条例》
第 4 条

《抗旱条例》
第 4 条、第 50 条

第四十五条 【应急物资储备保障制度和目录】

旧	新
第三十二条第一款 国家建立健全应急物资储备保障制度，完善重要应急物资的监管、生产、储备、调拨和紧急配送体系。	第四十五条 国家按照集中管理、统一调拨、平时服务、灾时应急、采储结合、节约高效的原则，建立健全应急物资储备保障制度，动态更新应急物资储备品种目录，完善重要应急物资的监管、生产、采购、储备、调拨和紧急配送体系，促进安全应急产业发展，优化产业布局。 国家储备物资品种目录、总体发展规划，由国务院发展改革部门会同国务院有关部门拟订。国务院应急管理等部门依据职责制定应急物资储备规划、品种目录，并组织实施。应急物资储备规划应当纳入国家储备总体发展规划。

要点注释

物资供应在突发事件应急处置中发挥着重要作用，应急物资储备是突发事件应急准备的重要方面。在应对各种突发事件的长期实践中，我国各级政府已经根据应对突发事件的实际情况和需要，建立了相关物资储备制度，有的单行法律法规如《防洪法》等，也对此作了相应规定。作为规范应对各类突发事件共同行为的重要法律，本法有必要进一步作出明确规定。

拓展适用

《自然灾害救助条例》
第 10 条

《抗旱条例》
第 19 条

《生活必需品市场供应应急管理办法》

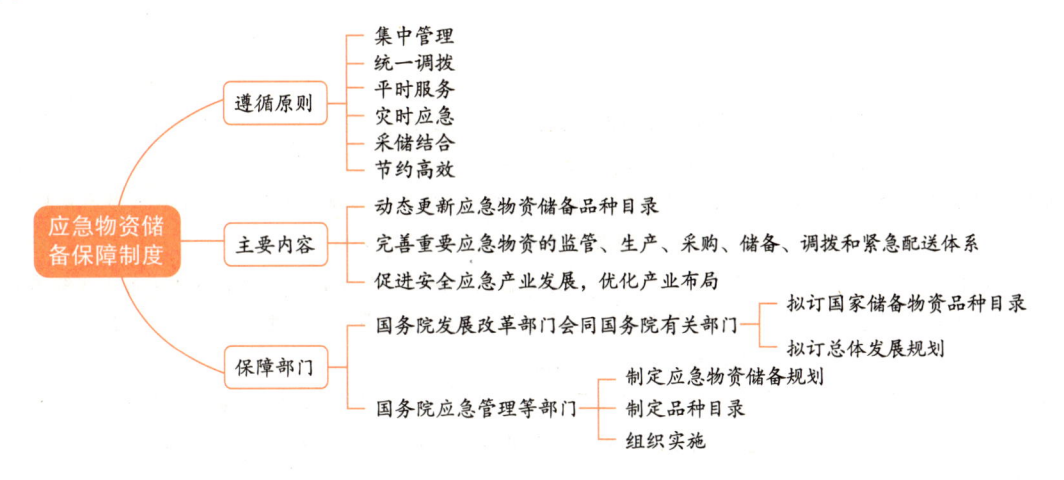

思维导图

- **应急物资储备保障制度**
  - 遵循原则
    - 集中管理
    - 统一调拨
    - 平时服务
    - 灾时应急
    - 采储结合
    - 节约高效
  - 主要内容
    - 动态更新应急物资储备品种目录
    - 完善重要应急物资的监管、生产、采购、储备、调拨和紧急配送体系
    - 促进安全应急产业发展，优化产业布局
  - 保障部门
    - 国务院发展改革部门会同国务院有关部门
      - 拟订国家储备物资品种目录
      - 拟订总体发展规划
    - 国务院应急管理等部门
      - 制定应急物资储备规划
      - 制定品种目录
      - 组织实施

第四十六条 【应急救援物资、装备等生产、供应和储备】

旧	新
第三十二条第二款、第三款 设区的市级以上人民政府和突发事件易发、多发地区的县级人民政府应当建立应急救援物资、生活必需品和应急处置装备的储备制度。 县级以上地方各级人民政府应当根据本地区的实际情况，与有关企业签订协议，保障应急救援物资、生活必需品和应急处置装备的生产、供给。	**第四十六条** 设区的市级以上人民政府和突发事件易发、多发地区的县级人民政府应当建立应急救援物资、生活必需品和应急处置装备的储备**保障**制度。 县级以上地方人民政府应当根据本地区的实际情况和**突发事件应对工作的需要**，**依法**与**有条件的**企业签订协议，保障应急救援物资、生活必需品和应急处置装备的生产、供给。有关企业应当根据协议，按照县级以上地方人民政府要求，进行应急救援物资、生活必需品和应急处置装备的生产、供给，并确保符合国家有关产品质量的标准和要求。 国家鼓励公民、法人和其他组织储备基本的应急自救物资和生活必需品。有关部门可以向社会公布相关物资、物品的储备指南和建议清单。

◎ 思维导图

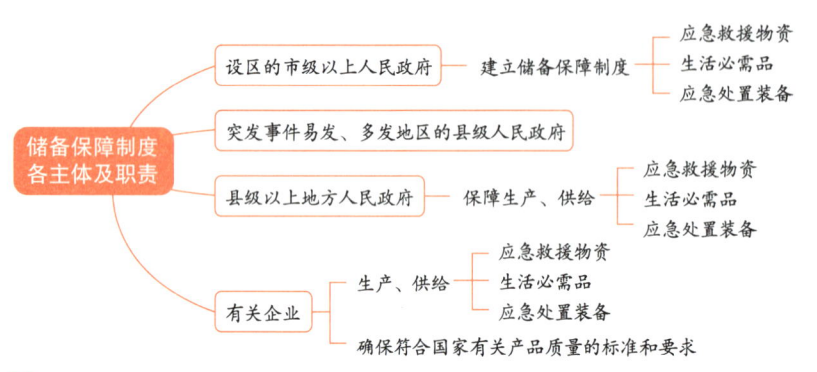

储备保障制度各主体及职责
- 设区的市级以上人民政府 — 建立储备保障制度 — 应急救援物资 / 生活必需品 / 应急处置装备
- 突发事件易发、多发地区的县级人民政府
- 县级以上地方人民政府 — 保障生产、供给 — 应急救援物资 / 生活必需品 / 应急处置装备
- 有关企业 — 生产、供给 — 应急救援物资 / 生活必需品 / 应急处置装备；确保符合国家有关产品质量的标准和要求

拓展适用

《自然灾害救助条例》
第 10 条

《抗旱条例》
第 19 条

第四十七条 【应急运输保障】

第四十七条 国家建立健全应急运输保障体系，统筹铁路、公路、水运、民航、邮政、快递等运输和服务方式，制定应急运输保障方案，保障应急物资、装备和人员及时运输。

县级以上地方人民政府和有关主管部门应当根据国家应急运输保障方案，结合本地区实际做好应急调度和运力保障，确保运输通道和客货运枢纽畅通。

国家发挥社会力量在应急运输保障中的积极作用。社会力量参与突发事件应急运输保障，应当服从突发事件应急指挥机构的统一指挥。

要点注释

本条为新增规定，特别对应急运输保障作出具体规定，也体现了应急运输在整体应急保障体系中的重要地位和作用。

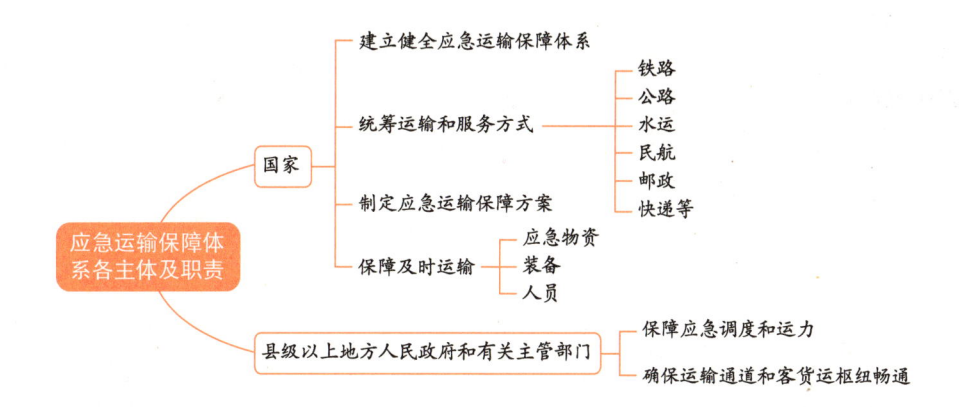

思维导图

- 应急运输保障体系各主体及职责
  - 国家
    - 建立健全应急运输保障体系
    - 统筹运输和服务方式
      - 铁路
      - 公路
      - 水运
      - 民航
      - 邮政
      - 快递等
    - 制定应急运输保障方案
    - 保障及时运输
      - 应急物资
      - 装备
      - 人员
  - 县级以上地方人民政府和有关主管部门
    - 保障应急调度和运力
    - 确保运输通道和客货运枢纽畅通

第四十八条 【能源应急保障】

第四十八条 国家建立健全能源应急保障体系,提高能源安全保障能力,确保受突发事件影响地区的能源供应。

要点注释

本条为新增规定。

国家能源安全保障是国家安全保障的重要一环,我国相关法律对各类物资、能源的保障都有具体和专门的规定,如《国家安全法》、《网络安全法》和《粮食安全保障法》。

拓展适用

《国家安全法》
第21条、第22条

《粮食安全保障法》
第29条、第49条

《自然灾害救助条例》
第9条

第四十九条 【应急通信和广播保障】

旧	新
第三十三条 国家建立健全应急通信保障体系,完善公用通信网,建立有线与无线相结合、基础电信网络与机动通信系统相配套的应急通信系统,确保突发事件应对工作的通信畅通。	**第四十九条** 国家建立健全应急通信、**应急广播**保障体系,**加强应急通信系统、应急广播系统建设**,确保突发事件应对工作的通信、**广播安全**畅通。

要点注释

在突发事件应对工作尤其是在应急处置已发生的突发事件过程中,必须确保通信联系在任何情况下都能畅通无阻,使政府的应急指挥系统能够有效运转,有关指令能够及时准确地传送到位,从而使应急处置工作有条不紊地开展。为此,本条对突发事件应急处置工作的通信保障、广播保障问题作了相应规定。

拓展适用

《网络安全法》
第 57 条、第 58 条

《国家通信保障应急预案》
第 4 条

第五十条 【卫生应急体系】

> 第五十条 国家建立健全突发事件卫生应急体系,组织开展突发事件中的医疗救治、卫生学调查处置和心理援助等卫生应急工作,有效控制和消除危害。

要点注释

本条为新增规定。

对突发事件的应急救治,除对身体伤害的救助外,还包括心理援助和治疗。我国《基本医疗卫生与健康促进法》第十九条明确,国家建立健全突发事件卫生应急体系,制定和完善应急预案,组织开展突发事件的医疗救治、卫生学调查处置和心理援助等卫生应急工作,有效控制和消除危害。我国《精神卫生法》第十四条则明确规定,各级人民政府和县级以上人民政府有关部门制定的突发事件应急预案,应当包括心理援助的内容。第十六条第二款还规定,发生自然灾害、意外伤害、公共安全事件等可能影响学生心理健康的事件,学校应当及时组织专业人员对学生进行心理援助。这里使用了"应当"一词,可见其重要程度。

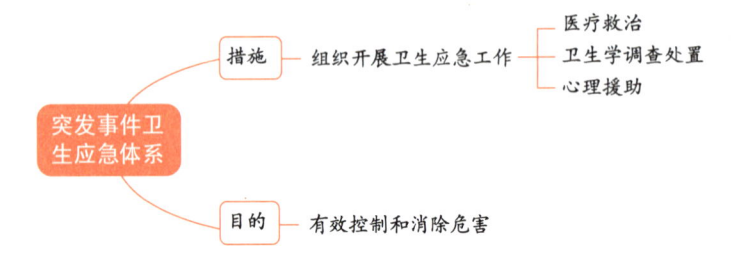

思维导图

突发事件卫生应急体系
- 措施 — 组织开展卫生应急工作
  - 医疗救治
  - 卫生学调查处置
  - 心理援助
- 目的 — 有效控制和消除危害

拓展适用

《基本医疗卫生与健康促进法》
第 19 条

《精神卫生法》
第 14 条、第 16 条

《气象灾害防御条例》
第 38 条

《国家突发公共事件总体应急预案》
第 4.5 条

《国家防汛抗旱应急预案》
第 6.1.3 条

《国家森林草原火灾应急预案》
第 6.2.3 条

《国家突发公共事件医疗卫生救援应急预案》
第 3.1 条

第五十一条 【急救医疗服务网络建设】

> 第五十一条 县级以上人民政府应当加强急救医疗服务网络的建设,配备相应的医疗救治物资、设施设备和人员,提高医疗卫生机构应对各类突发事件的救治能力。

要点注释

本条为新增规定。我国《基本医疗卫生与健康促进法》对县级及以下公共卫生机构医疗网络服务进行了细化,明确规定国家加强县级医院、乡镇卫生院、村卫生室、社区卫生服务中心(站)和专业公共卫生机构等的建设,建立健全农村医疗卫生服务网络和城市社区卫生服务网络。

思维导图

县级以上人民政府 — 应当
- 加强 — 急救医疗服务网络的建设
- 配备 — 医疗救治物资 / 医疗救治设施设备 / 医疗救治人员
- 提高 — 医疗卫生机构应对各类突发事件的救治能力

拓展适用

《基本医疗卫生与健康促进法》
第34条

第五十二条 【鼓励社会力量支持】

旧	新
第三十四条 国家鼓励公民、法人和其他组织为人民政府应对突发事件工作提供物资、资金、技术支持和捐赠。	第五十二条 国家鼓励公民、法人和其他组织为突发事件应对工作提供物资、资金、技术支持和捐赠。 接受捐赠的单位应当及时公开接受捐赠的情况和受赠财产的使用、管理情况，接受社会监督。

要点注释

本条规定在各级人民政府为应对突发事件进行人、财、物、技术各方面的准备之外，国家同样鼓励公民、法人和其他组织为应对突发事件提供财、物、技术等方面的支持和捐赠。2023年我国对《慈善法》进行了较为细致的修改，其中第七十一条第二款规定，在发生重大突发事件时，鼓励慈善组织、志愿者等在有关人民政府的协调引导下依法开展或者参与慈善活动。第一百零八条第二款强调对捐赠后的监督，具体规定，国家鼓励公众、媒体对慈善活动进行监督，对假借慈善名义或者假冒慈善组织骗取财产以及慈善组织、慈善信托的违法违规行为予以曝光，发挥舆论和社会监督作用。

思维导图

支持和捐赠
- 鼓励捐赠和提供支持主体
  - 公民
  - 法人
  - 其他组织
- 鼓励捐赠和提供支持的内容
  - 物资
  - 资金
  - 技术
- 接受捐赠单位义务
  - 及时公开接受捐赠的情况
  - 受赠财产的使用情况
  - 受赠财产的管理情况
  - 接受社会监督

拓展适用

《慈善法》
第71条、第108条

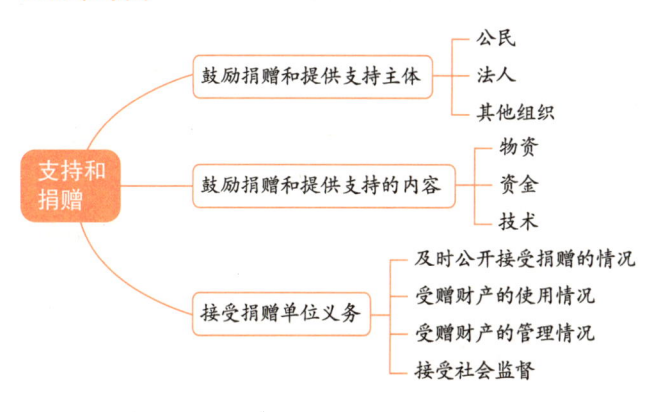

《自然灾害救助条例》
第5条

第五十三条 【紧急救援、人道救助和应急慈善】

第五十三条　红十字会在突发事件中，应当对伤病人员和其他受害者提供紧急救援和人道救助，并协助人民政府开展与其职责相关的其他人道主义服务活动。有关人民政府应当给予红十字会支持和资助，保障其依法参与应对突发事件。

慈善组织在发生重大突发事件时开展募捐和救助活动，应当在有关人民政府的统筹协调、有序引导下依法进行。有关人民政府应当通过提供必要的需求信息、政府购买服务等方式，对慈善组织参与应对突发事件、开展应急慈善活动予以支持。

要点注释

本条是关于红十字会和慈善组织在突发事件中的活动的规定。本条为新增规定。

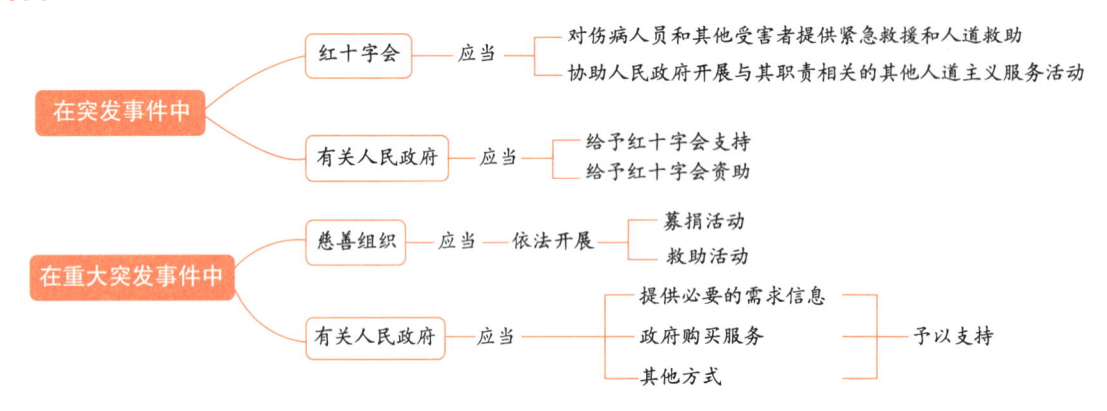

思维导图

- **在突发事件中**
  - 红十字会 — 应当
    - 对伤病人员和其他受害者提供紧急救援和人道救助
    - 协助人民政府开展与其职责相关的其他人道主义服务活动
  - 有关人民政府 — 应当
    - 给予红十字会支持
    - 给予红十字会资助
- **在重大突发事件中**
  - 慈善组织 — 应当 — 依法开展
    - 募捐活动
    - 救助活动
  - 有关人民政府 — 应当
    - 提供必要的需求信息
    - 政府购买服务
    - 其他方式
    - — 予以支持

拓展适用

《红十字会法》
第 11 条

《慈善法》
第 70 条、第 71 条

《自然灾害救助条例》
第 5 条

《破坏性地震应急条例》
第 34 条

《国家突发公共事件医疗卫生救援应急预案》
第 5.8 条

第五十四条 【救援资金和物资管理】

第五十四条 有关单位应当加强应急救援资金、物资的管理,提高使用效率。

任何单位和个人不得截留、挪用、私分或者变相私分应急救援资金、物资。

要点注释

本条是关于应急救援资金、物资的管理的规定。本条为新增规定。

◇思维导图

```
                        ┌─ 有关单位 ─ 应当 ┬─ 加强管理
应急救援                 │                  └─ 提高使用效率
资金、物资 ┤
                        │                    ┌─ 截留
                        └─ 任何单位和个人 ─ 不得 ┼─ 挪用
                                              └─ 私分或者变相私分
```

第五十五条 【巨灾风险保险体系】

旧	新
第三十五条 国家发展保险事业，建立国家财政支持的巨灾风险保险体系，并鼓励单位和公民参加保险。	第五十五条 国家发展保险事业，建立**政府支持、社会力量参与、市场化运作**的巨灾风险保险体系，并鼓励单位和**个人**参加保险。

要点注释

本条是关于国家财政支持建立巨灾风险保险体系的规定。

重特大灾害发生后，往往需要投入巨额资金开展应急救援和善后安置、灾后恢复重建工作。为了弥补财政资金的不足，许多国家都建立了巨灾风险保险体系。灾害保险是灾害保障的基本方式之一，是指以社会保险的形式来为某些受灾者提供保障的制度。它是与灾害相关的社会保险，其保险对象是灾害事故的受害人，保险给付同灾害相关。灾害社会保险待遇不取决于缴费的多少，灾害事件相同，享受待遇亦相同，但具体的金额根据损害程度不同而存在较大差异，由灾害保障的实际需要决定。目前，我国部分灾害立法中已经将国家鼓励灾害保险作为立法的基本原则。作为规范应对各类突发事件共同行为的重要法律，本法也应当作出相应规定。

本条特别强调了政府支持、社会力量参与、市场化运作的多方共同作用。

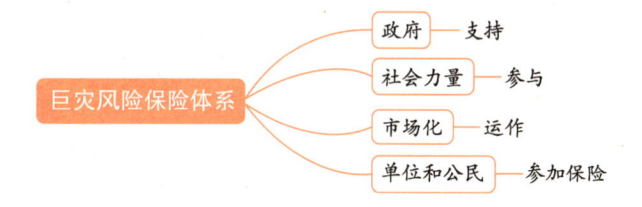

思维导图

巨灾风险保险体系
- 政府 — 支持
- 社会力量 — 参与
- 市场化 — 运作
- 单位和公民 — 参加保险

第五十六条 【技术应用、人才培养和研究开发】

旧	新
第三十六条 国家鼓励、扶持具备相应条件的教学科研机构培养应急管理专门人才，鼓励、扶持教学科研机构和有关企业研究开发用于突发事件预防、监测、预警、应急处置与救援的新技术、新设备和新工具。	第五十六条 国家加强应急管理基础科学、重点行业领域关键核心技术的研究，加强互联网、云计算、大数据、人工智能等现代技术手段在突发事件应对工作中的应用，鼓励、扶持有条件的教学科研机构、企业培养应急管理人才和科技人才，研发、推广新技术、新材料、新设备和新工具，提高突发事件应对能力。

要点注释

本条是关于国家鼓励、支持开展应急管理专门人才培养和科学技术研究的规定。

鉴于科学技术和应急管理专门人才在应对突发事件工作中的重要支撑作用，本条对应急管理人才培养和科技研发问题作了相应规定，进一步推动有关突发事件应急管理方面的科学技术研究和科研成果的转化应用工作。

《促进科技成果转化法》就科技成果转化为现实生产力，在组织实施、保障措施、技术权益、法律责任等方面作出了详细规定。《科学技术进步法》第三章也专门对科学技术应用研究与成果转化作出细化规定。例如，第二十七条规定，国家建立和完善科研攻关协调机制，围绕经济社会发展、国家安全重大需求和人民生命健康，加强重点领域项目、人才、基地、资金一体化配置，推动产学研紧密合作，推动关键核心技术自主可控。第三十条第一款则规定，国家加强科技成果中试、工程化和产业化开发及应用，加快科技成果转化为现实生产力。

◆ 思维导图

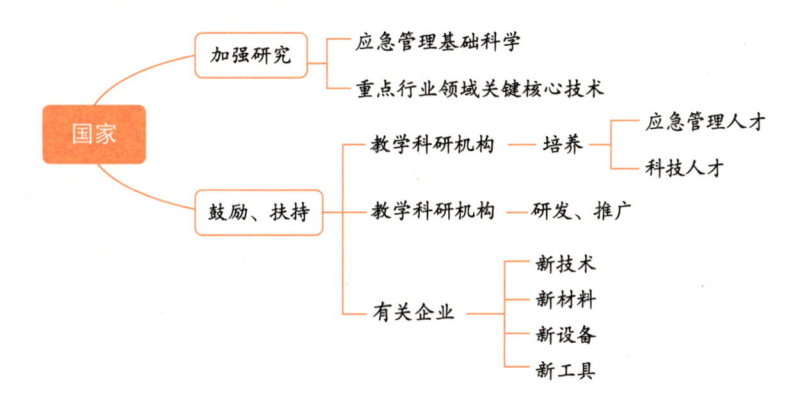

```
                    ┌─ 加强研究 ─┬─ 应急管理基础科学
                    │            └─ 重点行业领域关键核心技术
                    │
        国家 ───────┤
                    │            ┌─ 教学科研机构 ── 培养 ─┬─ 应急管理人才
                    │            │                        └─ 科技人才
                    └─ 鼓励、扶持 ┼─ 教学科研机构 ── 研发、推广
                                 │
                                 │                      ┌─ 新技术
                                 └─ 有关企业 ───────────┼─ 新材料
                                                        ├─ 新设备
                                                        └─ 新工具
```

拓展适用

《科学技术进步法》
第 26 条至第 35 条
《促进科技成果转化法》
第 12 条

第五十七条 【专家咨询论证制度】

第五十七条　县级以上人民政府及其有关部门应当建立健全突发事件专家咨询论证制度，发挥专业人员在突发事件应对工作中的作用。

要点注释

本条设置专家咨询论证制度主要是考虑到突发事件预防、监测、救援等各环节均体现出较高的专业化特点，我国很多法律也都设置了类似专家参与的制度，只不过在表述上各有特点，如《民事诉讼法》中，表述为"有专门知识的人"。

拓展适用

《突发公共卫生事件应急条例》

第 26 条

《火灾事故调查规定》

第 15 条

《建设项目职业病防护设施"三同时"监督管理办法》

第 7 条

《突发事件医疗应急工作管理办法（试行）》

第 17 条

《生产安全事故报告和调查处理条例》

第 22 条

第四章　监测与预警

第五十八条 【突发事件监测制度】

旧	新
第四十一条 国家建立健全突发事件监测制度。 　　县级以上人民政府及其有关部门应当根据自然灾害、事故灾难和公共卫生事件的种类和特点，建立健全基础信息数据库，完善监测网络，划分监测区域，确定监测点，明确监测项目，提供必要的设备、设施，配备专职或者兼职人员，对可能发生的突发事件进行监测。	**第五十八条** 国家建立健全突发事件监测制度。 　　县级以上人民政府及其有关部门应当根据自然灾害、事故灾难和公共卫生事件的种类和特点，建立健全基础信息数据库，完善监测网络，划分监测区域，确定监测点，明确监测项目，提供必要的设备、设施，配备专职或者兼职人员，对可能发生的突发事件进行监测。

> 所谓突发事件基础信息库，是指应对突发事件所必备的有关危险源、风险隐患、应急资源（物资储备、设备及应急队伍）、应急避难场所（分布、疏散路线和容纳能量等）、应急专家咨询、应急预案、突发事件案例等基础信息的数据库。

要点注释

　　本条是关于突发事件监测制度的规定。
　　加强监测制度建设，建立健全监测网络和体系，是提高政府信息收集能力，及时做好突发事件预警工作，有效预防、减少突发事件的发生，控制、减轻、消除突发事件引起的严重社会危害的基础。

思维导图

- 突发事件监测
  - 国家 —— 建立健全突发事件监测制度
  - 县级以上人民政府及其有关部门
    - 建立健全基础信息数据库
    - 完善监测网络
    - 划分监测区域
    - 确定监测点
    - 明确监测项目
    - 为监测提供保障
      - 提供必要设备、设施
      - 配备专职或者兼职人员

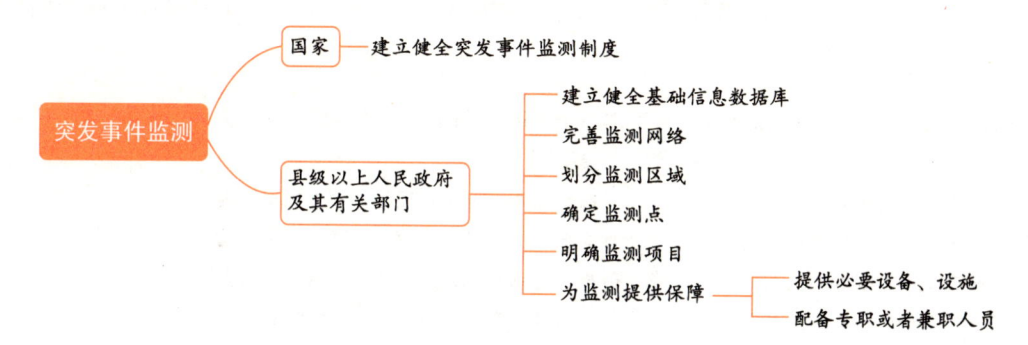

第五十九条 【突发事件信息系统】

旧	新
第三十七条 国务院建立全国统一的突发事件信息系统。 县级以上地方各级人民政府应当建立或者确定本地区统一的突发事件信息系统，汇集、储存、分析、传输有关突发事件的信息，并与上级人民政府及其有关部门、下级人民政府及其有关部门、专业机构和监测网点的突发事件信息系统实现互联互通，加强跨部门、跨地区的信息交流与情报合作。	第五十九条 国务院建立全国统一的突发事件信息系统。 县级以上地方人民政府应当建立或者确定本地区统一的突发事件信息系统，汇集、储存、分析、传输有关突发事件的信息，并与上级人民政府及其有关部门、下级人民政府及其有关部门、专业机构、监测网点和重点企业的突发事件信息系统实现互联互通，加强跨部门、跨地区的信息共享与情报合作。

▶突发事件信息系统是指汇集、储存、分析、评估、传输突发事件发生、发展情况的信息网络和体系。

要点注释

本条是关于突发事件信息系统的规定。

本条规定主要有三个方面的含义：第一，国务院要建立全国统一的突发事件信息系统。国务院是全国应急管理的最高行政管理机关，要加快国务院应急信息系统建设，充分发挥这一枢纽工程在国家应急信息网络建设中的龙头带动作用。

第二，县级以上地方人民政府应当建立或者确定突发事件信息系统，并与上级人民政府及其部门、下级人民政府及其有关部门、专业机构和监测网点的信息系统实现互联互通。地方各级人民政府作为突发事件应急管理的重要主体，担负着领导、处置相应级别突发事件的职责。为提高地方各级人民政府应急管理能力，本条规定县级以上地方人民政府都要有本地区统一的突发事件信息系统。

第三，加强信息交流与情报合作。突发事件的发生、发展往往影响其他地区，应对突发事件也往往需要有关地方加强合作，特别是要加强突发事件信息交流和情报合作。一类突发事件的发生往往涉及不同部门之间的职责，这就需要部门之间依托各自的专业信息系统，拓展功能，实现应急信息资源整合、传输与共享，并与政府信息系统实现互联互通。

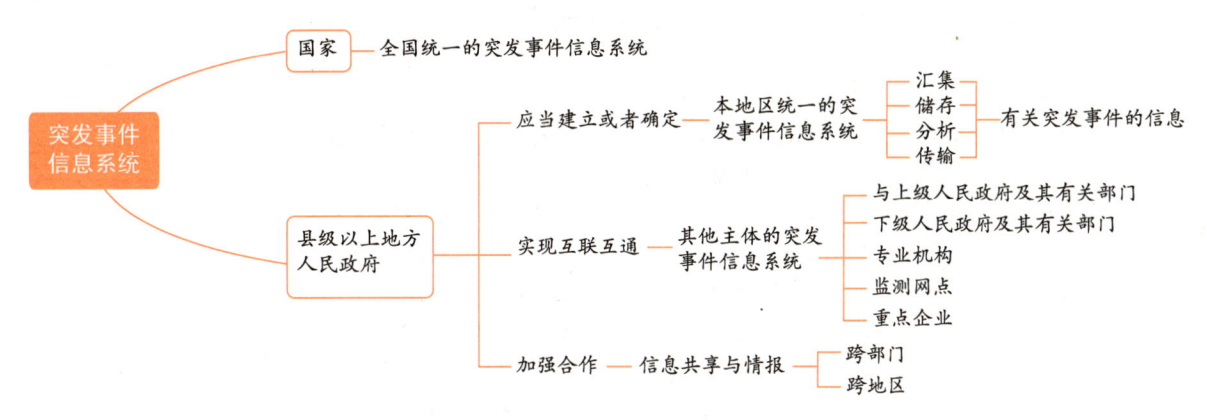

思维导图

- 突发事件信息系统
  - 国家 —— 全国统一的突发事件信息系统
  - 县级以上地方人民政府
    - 应当建立或者确定 —— 本地区统一的突发事件信息系统
      - 汇集
      - 储存
      - 分析
      - 传输
      - —— 有关突发事件的信息
    - 实现互联互通 —— 其他主体的突发事件信息系统
      - 与上级人民政府及其有关部门
      - 下级人民政府及其有关部门
      - 专业机构
      - 监测网点
      - 重点企业
    - 加强合作 —— 信息共享与情报
      - 跨部门
      - 跨地区

第六十条 【突发事件信息收集制度】

旧	新
第三十八条　县级以上人民政府及其有关部门、专业机构应当通过多种途径收集突发事件信息。 县级人民政府应当在居民委员会、村民委员会和有关单位建立专职或者兼职信息报告员制度。 获悉突发事件信息的公民、法人或者其他组织，应当立即向所在地人民政府、有关主管部门或者指定的专业机构报告。	第六十条　县级以上人民政府及其有关部门、专业机构应当通过多种途径收集突发事件信息。 县级人民政府应当在居民委员会、村民委员会和有关单位建立专职或者兼职信息报告员制度。 公民、法人或者其他组织**发现发生突发事件，或者发现可能发生突发事件的异常情况**，应当立即向所在地人民政府、有关主管部门或者指定的专业机构报告。**接到报告的单位应当按照规定立即核实处理，对于不属于其职责的，应当立即移送相关单位核实处理。**

> 为便于公众报告突发事件信息，本条所称所在地人民政府、有关主管部门一般是指县级人民政府及其有关主管部门，指定的专业机构是指县级人民政府及其有关主管部门指定的专业机构。

要点注释

本条是关于突发事件信息收集、信息报告员制度和社会公众报告突发事件信息义务的规定。

早发现、早报告、早预警、早处置，大量的突发事件就可能被消除或者控制在萌芽状态，一般突发事件不至于演变成重大突发事件。因此，完善突发事件的信息收集制度至关重要。为了拓宽突发事件信息收集渠道，本条规定了政府收集信息和社会公众报告信息两方面的责任和义务。

一是县级以上人民政府及其有关部门、专业机构应当主动多渠道收集突发事件信息。

二是县级人民政府应当在居民委员会、村民委员会和有关单位建立专职或者兼职信息报告员制度，通过信息报告员收集信息。本条规定，信息报告员可以是专职的，也可以是兼职的。

　　三是公民、法人或者其他组织的突发事件信息报告义务。面对灾害，配合政府做好应对工作，也是社会公众应尽的义务。

思维导图

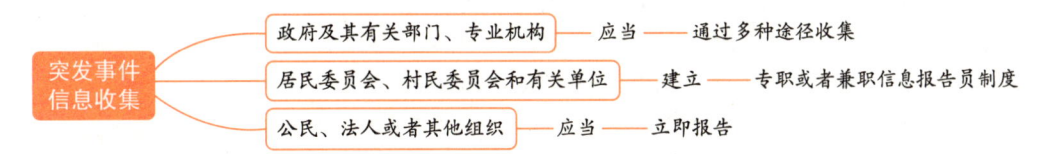

突发事件信息收集
- 政府及其有关部门、专业机构 —— 应当 —— 通过多种途径收集
- 居民委员会、村民委员会和有关单位 —— 建立 —— 专职或者兼职信息报告员制度
- 公民、法人或者其他组织 —— 应当 —— 立即报告

第六十一条 【突发事件信息报告制度】

旧	新
第三十九条 地方各级人民政府应当按照国家有关规定向上级人民政府报送突发事件信息。县级以上人民政府有关主管部门应当向本级人民政府相关部门通报突发事件信息。专业机构、监测网点和信息报告员应当及时向所在地人民政府及其有关主管部门报告突发事件信息。 有关单位和人员报送、报告突发事件信息，应当做到及时、客观、真实，不得迟报、谎报、瞒报、漏报。	第六十一条 地方各级人民政府应当按照国家有关规定向上级人民政府报送突发事件信息。县级以上人民政府有关主管部门应当向本级人民政府相关部门通报突发事件信息，**并报告上级人民政府主管部门**。专业机构、监测网点和信息报告员应当及时向所在地人民政府及其有关主管部门**报告突发事件信息**。 有关单位和人员报送、报告突发事件信息，应当做到及时、客观、真实，不得迟报、谎报、瞒报、漏报，**不得授意他人迟报、谎报、瞒报，不得阻碍他人报告**。

▶报告的要素应当含有：时间、地点、信息来源、事件起因和性质、基本过程、已造成的后果、影响范围、事态发展趋势和已经采取的措施以及下一步工作打算和建议等。

▶所谓及时，就是必须按照法律法规规章和国家有关规定的时限报送突发事件信息，不得迟报。
例如，《国家突发公共事件总体应急预案》规定，特别重大或者重大突发公共事件发生后，各地区、各部门要立即报告，最迟不得超过4小时。

▶所谓客观，就是对突发事件信息的判断要客观，不得主观臆断，不得谎报信息。

▶所谓真实，就是要与突发事件的真相相符，实事求是，不得瞒报、漏报。

要点注释

本条是关于突发事件信息报送和报告要求的规定。

信息报告是应急管理运行机制的重要环节，及时、准确的信息报告，有利于政府全面掌握突发事件的发生和发展态势，采取积极有效的措施，最大限度地减少突发事件的发生以及造成的损失，保障人民群众的生命财产安全。为了规范信息报告制度，本条从信息报告的责任主体、程序、时限、内容、要求作了规定。

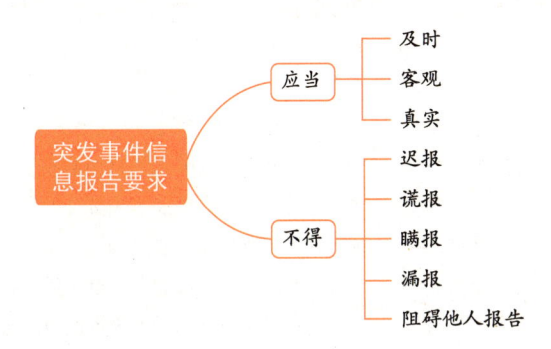

思维导图

突发事件信息报告要求
- 应当
  - 及时
  - 客观
  - 真实
- 不得
  - 迟报
  - 谎报
  - 瞒报
  - 漏报
  - 阻碍他人报告

第六十二条 【突发事件信息评估制度】

旧	新
第四十条　县级以上地方各级人民政府应当及时汇总分析突发事件隐患和预警信息，必要时组织相关部门、专业技术人员、专家学者进行会商，对发生突发事件的可能性及其可能造成的影响进行评估；认为可能发生重大或者特别重大突发事件的，应当立即向上级人民政府报告，并向上级人民政府有关部门、当地驻军和可能受到危害的毗邻或者相关地区的人民政府通报。	第六十二条　县级以上地方人民政府应当及时汇总分析突发事件隐患和监测信息，必要时组织相关部门、专业技术人员、专家学者进行会商，对发生突发事件的可能性及其可能造成的影响进行评估；认为可能发生重大或者特别重大突发事件的，应当立即向上级人民政府报告，并向上级人民政府有关部门、当地驻军和可能受到危害的毗邻或者相关地区的人民政府通报，及时采取预防措施。

▶ 所谓必要时，是指对突发事件发生的可能性、影响范围、强度、可能产生的损害等难以判断时。

要点注释

本条是关于汇总分析突发事件隐患和预警信息的规定。

本条一是规定了县级以上地方人民政府对突发事件信息的处理职责。要求其对信息进行整理、归类、识别、分析。比如，对自然灾害，政府要根据监测情况和其他途径收集的信息，结合基础数据库，对突发事件发生的可能性、范围、可能造成的人员伤亡、财产损失以及对本地区经济、社会可能产生的影响程度、事件可能达到的级别进行评估、作出预测。二是规定了突发事件信息咨询、会商机制，政府应当重视发挥专家学者、专业技术人员和有关部门的作用，使政府决策获得更多的智力支持和技术支持，使应急决策和危机管理建立在科学的基础上。三是规定了县级以上地方人民政府的信息报告和通报义务。

拓展适用

《突发事件应急预案管理办法》
第 14 条、第 21 条、第 33 条、第 34 条、第 38 条

《突发事件医疗应急工作管理办法（试行）》
第 14 条、第 18 条、第 23 条

第六十三条 【突发事件预警制度】

旧	新
第四十二条 国家建立健全突发事件预警制度。 可以预警的自然灾害、事故灾难和公共卫生事件的预警级别，按照突发事件发生的紧急程度、发展势态和可能造成的危害程度分为一级、二级、三级和四级，分别用红色、橙色、黄色和蓝色标示，一级为最高级别。 预警级别的划分标准由国务院或者国务院确定的部门制定。	**第六十三条** 国家建立健全突发事件预警制度。 可以预警的自然灾害、事故灾难和公共卫生事件的预警级别，按照突发事件发生的紧急程度、发展势态和可能造成的危害程度分为一级、二级、三级和四级，分别用红色、橙色、黄色和蓝色标示，一级为最高级别。 预警级别的划分标准由国务院或者国务院确定的部门制定。

▶ 所谓预警制度是指根据有关突发事件的预测信息和风险评估结果，依据突发事件可能造成的危害程度、紧急程度和发展态势，确定相应预警级别，标示预警颜色，并向社会发布相关信息的制度。

▶ 自然灾害包括水旱灾害，台风、冰雹、雪、沙尘暴等气象灾害，火山、地震灾害，山体崩塌、滑石、泥石流等地质灾害，风暴潮、海啸等海洋灾害，森林草原火灾和重大生物灾害等。

▶ 事故灾难包括民航、铁路、公路、水运等重大交通运输事故，工矿企业、建设工程、公共场所及机关、企事业单位发生的各类重大安全事故，造成重大影响和损失的供水、供电、供油和供气等城市生命线事故以及通讯、信息网络、特种设备等安全事故，核辐射事故，重大环境污染和生态破坏事故等。

公共卫生事件包括突然发生，造成或可能造成社会公众健康严重损害的重大传染病疫情、群体性不明原因疾病、重大食物和职业中毒，重大动物疫情，以及其他严重影响公众健康的事件。

要点注释

本条是关于突发事件预警制度的规定。

建立健全突发事件预警制度是做好突发事件应急响应的根据。考虑到不同的突发事件的性质、机理、发展过程的不同，法律难以对各类突发事件预警级别规定统一的划分标准，因此，本条规定，预警级别的划分标准由国务院或者国务院确定的部门制定。

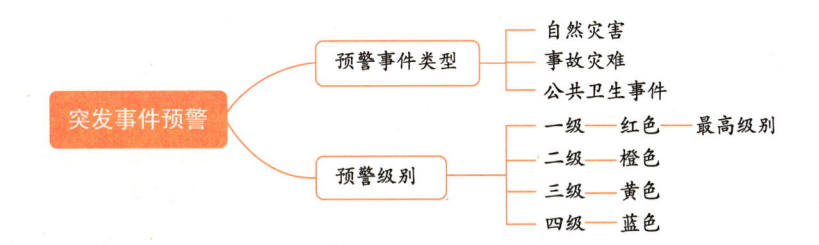

思维导图

- 突发事件预警
  - 预警事件类型
    - 自然灾害
    - 事故灾难
    - 公共卫生事件
  - 预警级别
    - 一级 —— 红色 —— 最高级别
    - 二级 —— 橙色
    - 三级 —— 黄色
    - 四级 —— 蓝色

第六十四条 【预警信息发布、报告和通报】

旧	新
第四十三条 可以预警的自然灾害、事故灾难或者公共卫生事件即将发生或者发生的可能性增大时，县级以上地方各级人民政府应当根据有关法律、行政法规和国务院规定的权限和程序，发布相应级别的警报，决定并宣布有关地区进入预警期，同时向上一级人民政府报告，必要时可以越级上报，并向当地驻军和可能受到危害的毗邻或者相关地区的人民政府通报。	第六十四条 可以预警的自然灾害、事故灾难或者公共卫生事件即将发生或者发生的可能性增大时，县级以上地方人民政府应当根据有关法律、行政法规和国务院规定的权限和程序，发布相应级别的警报，决定并宣布有关地区进入预警期，同时向上一级人民政府报告，必要时可以越级上报；**具备条件的，应当进行网络直报或者自动速报**；同时向当地驻军和可能受到危害的毗邻或者相关地区的人民政府通报。**发布警报应当明确预警类别、级别、起始时间、可能影响的范围、警示事项、应当采取的措施、发布单位和发布时间等。**

要点注释

本条是关于突发事件预警信息发布、报告和通报的规定。

突发事件预警信息的发布、报告和通报工作，是建立健全突发事件预警机制的关键性环节。全面、准确地收集、传递、处理和发布突发事件预警信息，一方面有利于应急处置机构对事态发展进行科学分析并做出准确判断；另一方面有利于社会公众知晓突发事件的发展态势，以便及时采取有效防护措施避免损失，并做好有关自救、他救准备。

◆思维导图

突发事件预警信息发布、报告和通报 —— 县级以上地方人民政府

- 依据 —— 有关法律、行政法规和国务院规定的权限和程序
- 发布 —— 相应级别的警报，决定并宣布有关地区进入预警期
- 报告 —— 向上一级人民政府报告，必要时可以越级上报
- 通报 —— 向当地驻军和可能受到危害的毗邻或者相关地区的人民政府

第六十五条 【预警信息发布制度】

第六十五条 国家建立健全突发事件预警发布平台，按照有关规定及时、准确向社会发布突发事件预警信息。

广播、电视、报刊以及网络服务提供者、电信运营商应当按照国家有关规定，建立突发事件预警信息快速发布通道，及时、准确、无偿播发或者刊载突发事件预警信息。

公共场所和其他人员密集场所，应当指定专门人员负责突发事件预警信息接收和传播工作，做好相关设备、设施维护，确保突发事件预警信息及时、准确接收和传播。

要点注释

本条是关于突发事件预警信息发布制度的规定。本条为新增规定。

要建立广泛的预警信息发布渠道，充分利用广播、电视、报纸、电话、手机短信、街区显示屏和互联网等多种形式发布预警信息，确保广大人民群众第一时间内掌握预警信息，使大家有机会采取有效防御措施，达到减少人员伤亡和财产损失的目的。同时还要确定预警信息的发布主体，信息的发布要有权威性和连续性，这是由危机事件发展的动态性特点决定的。

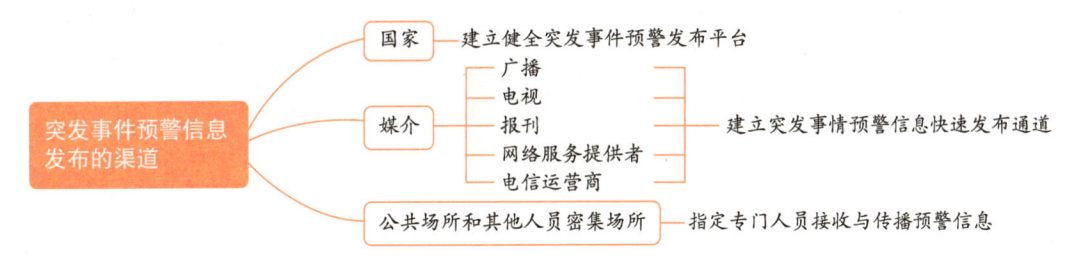

思维导图

突发事件预警信息发布的渠道
- 国家 —— 建立健全突发事件预警发布平台
- 媒介
  - 广播
  - 电视
  - 报刊
  - 网络服务提供者
  - 电信运营商
  —— 建立突发事情预警信息快速发布通道
- 公共场所和其他人员密集场所 —— 指定专门人员接收与传播预警信息

第六十六条 【三级、四级预警措施】

旧	新
第四十四条　发布三级、四级警报，宣布进入预警期后，县级以上地方各级人民政府应当根据即将发生的突发事件的特点和可能造成的危害，采取下列措施： （一）启动应急预案； （二）责令有关部门、专业机构、监测网点和负有特定职责的人员及时收集、报告有关信息，向社会公布反映突发事件信息的渠道，加强对突发事件发生、发展情况的监测、预报和预警工作； （三）组织有关部门和机构、专业技术人员、有关专家学者，随时对突发事件信息进行分析评估，预测发生突发事件可能性的大小、影响范围和强度以及可能发生的突发事件的级别； （四）定时向社会发布与公众有关的突发事件预测信息和分析评估结果，并对相关信息的报道工作进行管理； （五）及时按照有关规定向社会发布可能受到突发事件危害的警告，宣传避免、减轻危害的常识，公布咨询电话。	第六十六条　发布三级、四级警报，宣布进入预警期后，县级以上地方人民政府应当根据即将发生的突发事件的特点和可能造成的危害，采取下列措施： （一）启动应急预案； （二）责令有关部门、专业机构、监测网点和负有特定职责的人员及时收集、报告有关信息，向社会公布反映突发事件信息的渠道，加强对突发事件发生、发展情况的监测、预报和预警工作； （三）组织有关部门和机构、专业技术人员、有关专家学者，随时对突发事件信息进行分析评估，预测发生突发事件可能性的大小、影响范围和强度以及可能发生的突发事件的级别； （四）定时向社会发布与公众有关的突发事件预测信息和分析评估结果，并对相关信息的报道工作进行管理； （五）及时按照有关规定向社会发布可能受到突发事件危害的警告，宣传避免、减轻危害的常识，公布咨询**或者求助**电话**等联络方式和渠道**。

> **要点注释**
>
> 本条是关于发布三级、四级预警级别后政府应当采取的应对措施的规定。
>
> 三级、四级预警是比较低的预警级别。发布三级、四级警报后,政府采取的主要是一些预防、警示、劝导性措施,目的在于尽可能避免突发事件的发生,或者是提前做好充分准备,将损害减至最小。

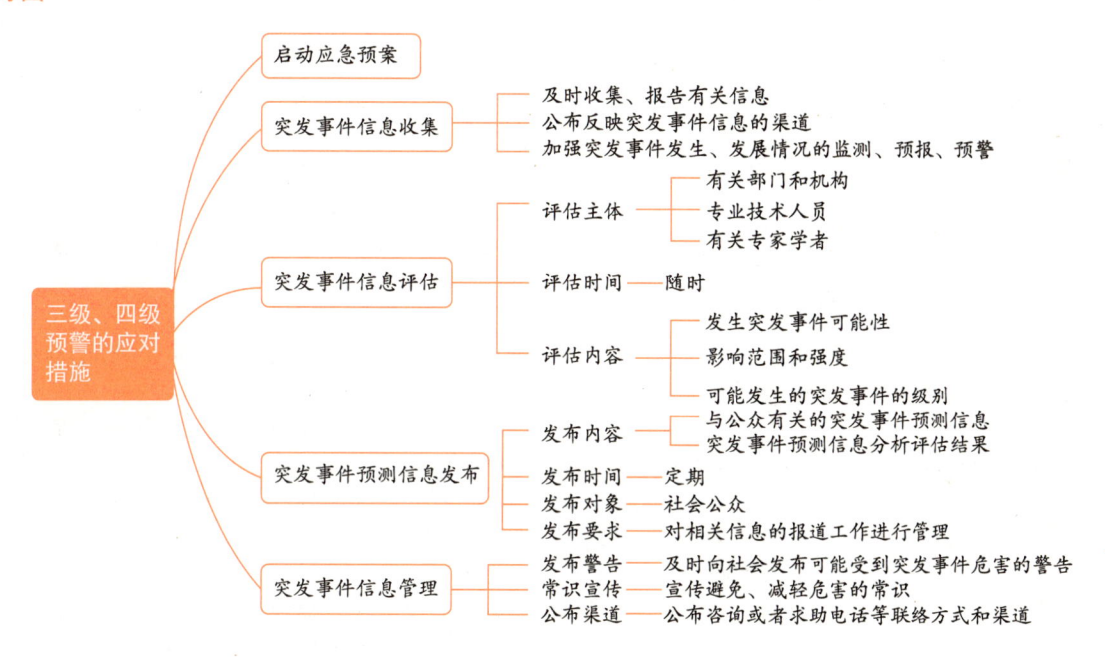

思维导图

- **三级、四级预警的应对措施**
  - 启动应急预案
  - 突发事件信息收集
    - 及时收集、报告有关信息
    - 公布反映突发事件信息的渠道
    - 加强突发事件发生、发展情况的监测、预报、预警
  - 突发事件信息评估
    - 评估主体
      - 有关部门和机构
      - 专业技术人员
      - 有关专家学者
    - 评估时间 —— 随时
    - 评估内容
      - 发生突发事件可能性
      - 影响范围和强度
      - 可能发生的突发事件的级别
  - 突发事件预测信息发布
    - 发布内容
      - 与公众有关的突发事件预测信息
      - 突发事件预测信息分析评估结果
    - 发布时间 —— 定期
    - 发布对象 —— 社会公众
    - 发布要求 —— 对相关信息的报道工作进行管理
  - 突发事件信息管理
    - 发布警告 —— 及时向社会发布可能受到突发事件危害的警告
    - 常识宣传 —— 宣传避免、减轻危害的常识
    - 公布渠道 —— 公布咨询或者求助电话等联络方式和渠道

第六十七条 【一级、二级预警措施】

旧	新
第四十五条 发布一级、二级警报，宣布进入预警期后，县级以上地方各级人民政府除采取本法第四十四条规定的措施外，还应当针对即将发生的突发事件的特点和可能造成的危害，采取下列一项或者多项措施： （一）责令应急救援队伍、负有特定职责的人员进入待命状态，并动员后备人员做好参加应急救援和处置工作的准备； （二）调集应急救援所需物资、设备、工具，准备应急设施和避难场所，并确保其处于良好状态、随时可以投入正常使用； （三）加强对重点单位、重要部位和重要基础设施的安全保卫，维护社会治安秩序； （四）采取必要措施，确保交通、通信、供水、排水、供电、供气、供热等公共设施的安全和正常运行； （五）及时向社会发布有关采取特定措施避免或者减轻危害的建议、劝告； （六）转移、疏散或者撤离易受突发事件危害的人员并予以妥善安置，转移重要财产； （七）关闭或者限制使用易受突发事件危害的场所，控制或者限制容易导致危害扩大的公共场所的活动； （八）法律、法规、规章规定的其他必要的防范性、保护性措施。	第六十七条 发布一级、二级警报，宣布进入预警期后，县级以上地方人民政府除采取本法第六十六条规定的措施外，还应当针对即将发生的突发事件的特点和可能造成的危害，采取下列一项或者多项措施： （一）责令应急救援队伍、负有特定职责的人员进入待命状态，并动员后备人员做好参加应急救援和处置工作的准备； （二）调集应急救援所需物资、设备、工具，准备应急设施和**应急避难、封闭隔离、紧急医疗救治**等场所，并确保其处于良好状态、随时可以投入正常使用； （三）加强对重点单位、重要部位和重要基础设施的安全保卫，维护社会治安秩序； （四）采取必要措施，确保交通、通信、供水、排水、供电、供气、供热、**医疗卫生、广播电视、气象**等公共设施的安全和正常运行； （五）及时向社会发布有关采取特定措施避免或者减轻危害的建议、劝告； （六）转移、疏散或者撤离易受突发事件危害的人员并予以妥善安置，转移重要财产； （七）关闭或者限制使用易受突发事件危害的场所，控制或者限制容易导致危害扩大的公共场所的活动； （八）法律、法规、规章规定的其他必要的防范性、保护性措施。

> **要点注释**
>
> 本条是关于发布一级、二级预警级别后政府应当采取的应对措施的规定。
>
> 一级、二级预警相对于三级、四级预警而言级别更高,突发事件即将发生的时间更为紧迫,事件发展态势已经一触即发,人民生命财产安全即将面临威胁。在这个预警阶段采取的应对措施,既有助于防止灾害损失的发生,但同时又可能对公民权利和正常的生产生活秩序造成一定程度的影响。因此,有关政府除了继续采取三级、四级预警期间的措施外,还应当及时采取有关防范、部署、保护性的先期应急处置措施,努力做好应急准备,避免人员伤亡和财产损失,尽量减少突发事件所造成的不利影响,并防止其演变为重大事件。

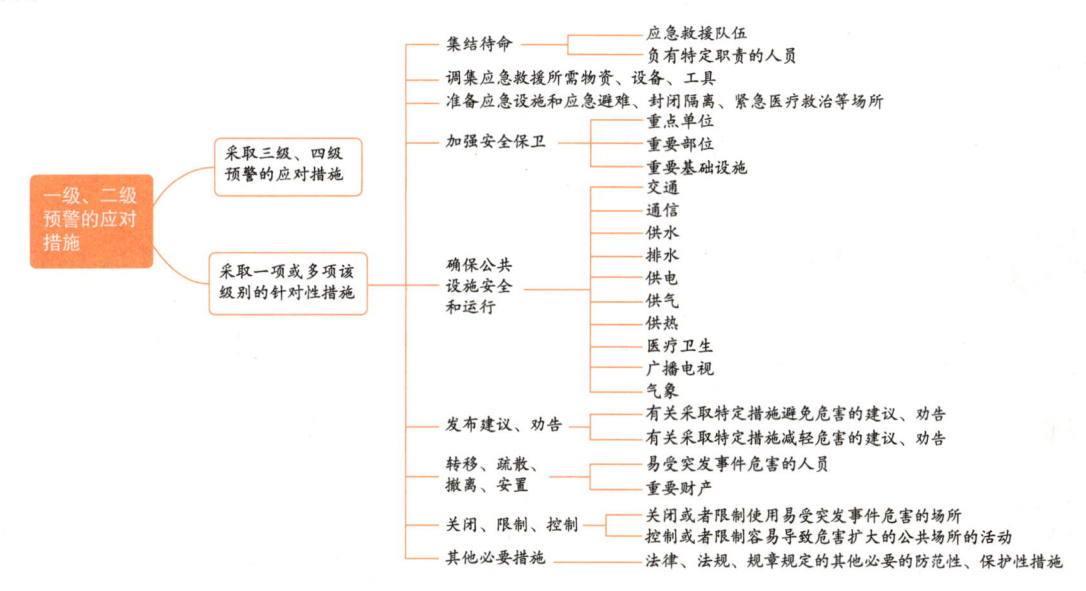

◆ 思维导图

```
                                            ┌── 集结待命 ──┬── 应急救援队伍
                                            │              └── 负有特定职责的人员
                                            ├── 调集应急救援所需物资、设备、工具
                                            ├── 准备应急设施和应急避难、封闭隔离、紧急医疗救治等场所
                                            │                ┌── 重点单位
                                            ├── 加强安全保卫 ├── 重要部位
              ┌── 采取三级、四级            │                └── 重要基础设施
              │   预警的应对措施             │                ┌── 交通
              │                             │                ├── 通信
一级、二级     │                             │                ├── 供水
预警的应对 ──┤                             ├── 确保公共     ├── 排水
措施          │                             │   设施安全    ├── 供电
              │                             │   和运行      ├── 供气
              │                             │                ├── 供热
              │                             │                ├── 医疗卫生
              │                             │                ├── 广播电视
              └── 采取一项或多项该          │                └── 气象
                  级别的针对性措施 ─────────┤                
                                            ├── 发布建议、劝告 ┬── 有关采取特定措施避免危害的建议、劝告
                                            │                  └── 有关采取特定措施减轻危害的建议、劝告
                                            ├── 转移、疏散、   ┬── 易受突发事件危害的人员
                                            │   撤离、安置     └── 重要财产
                                            ├── 关闭、限制、   ┬── 关闭或者限制使用易受突发事件危害的场所
                                            │   控制           └── 控制或者限制容易导致危害扩大的公共场所的活动
                                            └── 其他必要措施 ── 法律、法规、规章规定的其他必要的防范性、保护性措施
```

第六十八条 【预警期保障措施】

第六十八条 发布警报,宣布进入预警期后,县级以上人民政府应当对重要商品和服务市场情况加强监测,根据实际需要及时保障供应、稳定市场。必要时,国务院和省、自治区、直辖市人民政府可以按照《中华人民共和国价格法》等有关法律规定采取相应措施。

要点注释

本条是关于进入预警期后对重要商品和服务市场情况监测、调控,以保障供应、稳定市场。本条为新增规定。

思维导图

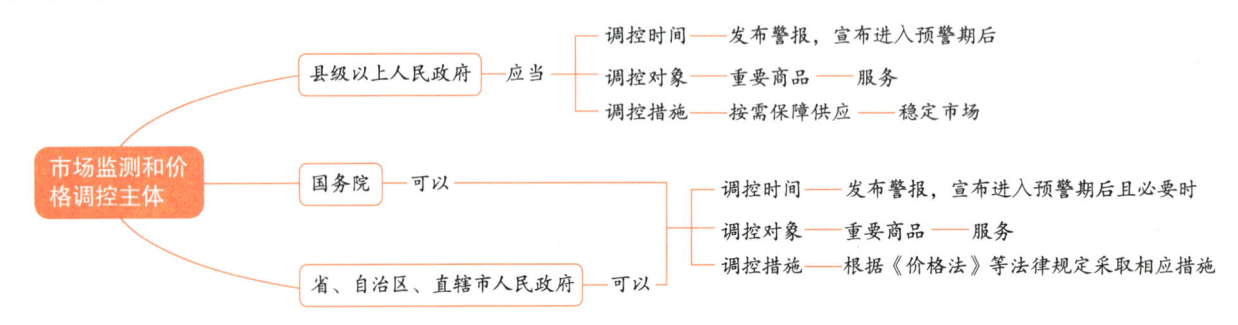

市场监测和价格调控主体
- 县级以上人民政府 — 应当
  - 调控时间 — 发布警报,宣布进入预警期后
  - 调控对象 — 重要商品 — 服务
  - 调控措施 — 按需保障供应 — 稳定市场
- 国务院 — 可以
- 省、自治区、直辖市人民政府 — 可以
  - 调控时间 — 发布警报,宣布进入预警期后且必要时
  - 调控对象 — 重要商品 — 服务
  - 调控措施 — 根据《价格法》等法律规定采取相应措施

拓展适用

《价格法》
第30条

第六十九条 【社会安全事件信息报告制度】

旧	新
第四十六条 对即将发生或者已经发生的社会安全事件，县级以上地方各级人民政府及其有关主管部门应当按照规定向上一级人民政府及其有关主管部门报告，必要时可以越级上报。	第六十九条 对即将发生或者已经发生的社会安全事件，县级以上地方人民政府及其有关主管部门应当按照规定向上一级人民政府及其有关主管部门报告，必要时可以越级上报，**具备条件的，应当进行网络直报或者自动速报**。

要点注释

本条是关于社会安全事件信息报告制度的规定。

建立健全社会安全事件的信息报告制度，完善社会矛盾纠纷预警工作机制，是及时、妥善预防和处置社会安全事件的重要环节。

思维导图

社会安全事件信息报告
- 常规 —— 向上一级人民政府及其有关主管部门报告
- 必要时 —— 可以越级上报
- 具备条件 —— 应当进行网络直报或者自动速报

拓展适用

《突发事件应急预案管理办法》
第 3 条

《自然灾害救助条例》
第 33 条

第七十条 【预警调整和解除】

旧	新
第四十七条　发布突发事件警报的人民政府应当根据事态的发展，按照有关规定适时调整预警级别并重新发布。 　　有事实证明不可能发生突发事件或者危险已经解除的，发布警报的人民政府应当立即宣布解除警报，终止预警期，并解除已经采取的有关措施。	第七十条　发布突发事件警报的人民政府应当根据事态的发展，按照有关规定适时调整预警级别并重新发布。 　　有事实证明不可能发生突发事件或者危险已经解除的，发布警报的人民政府应当立即宣布解除警报，终止预警期，并解除已经采取的有关措施。

要点注释

　　本条是关于调整预警级别、宣布解除警报、终止预警期、解除有关措施的规定。在应急预警阶段，预警级别的确定、警报的宣布和解除、预警期的开始和终止、有关措施的采取和解除，都要与紧急危险等级及相应的紧急危险阶段保持一致。即使是具有极其严重社会危害的最高级别突发事件，也有不同的发展阶段，并不需要在每一个阶段都采取同样严厉的应对措施。因此，一旦突发事件的事态发展出现了变化，以及有事实证明不可能发生突发事件或者危险已经解除的，发布突发事件警报的人民政府应当适时调整预警级别并重新发布，并立即宣布解除相应的预警警报，或者终止预警期，解除已经采取的有关措施。

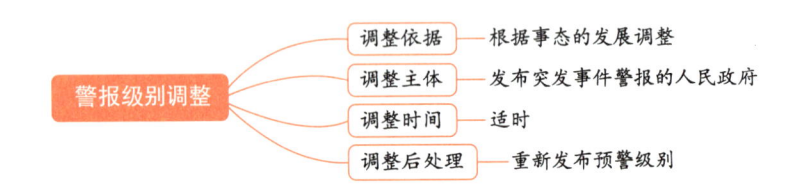

思维导图

警报级别调整
- 调整依据 —— 根据事态的发展调整
- 调整主体 —— 发布突发事件警报的人民政府
- 调整时间 —— 适时
- 调整后处理 —— 重新发布预警级别

第五章　应急处置与救援

第七十一条 【应急响应制度】

第七十一条 国家建立健全突发事件应急响应制度。

突发事件的应急响应级别,按照突发事件的性质、特点、可能造成的危害程度和影响范围等因素分为一级、二级、三级和四级,一级为最高级别。

突发事件应急响应级别划分标准由国务院或者国务院确定的部门制定。县级以上人民政府及其有关部门应当在突发事件应急预案中确定应急响应级别。

要点注释

本条是关于突发事件应急响应制度的规定。本条为新增规定。

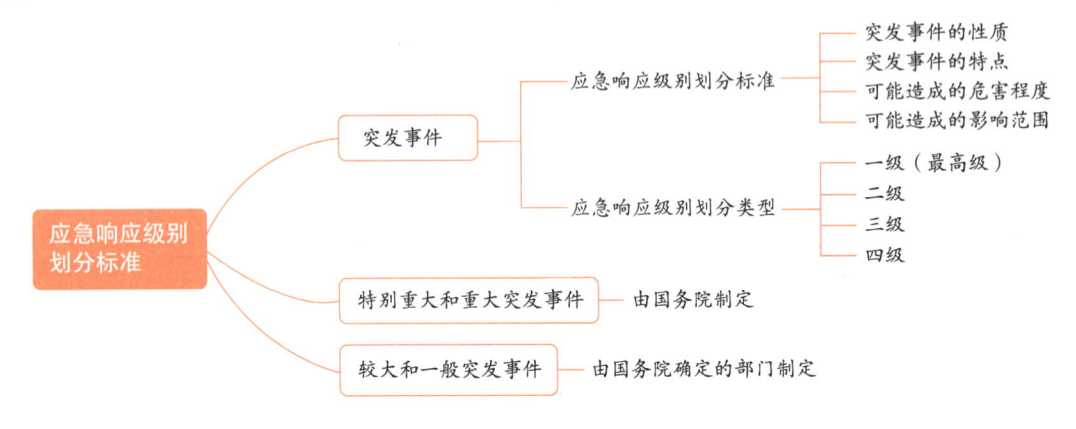

思维导图

应急响应级别划分标准
- 突发事件
  - 应急响应级别划分标准
    - 突发事件的性质
    - 突发事件的特点
    - 可能造成的危害程度
    - 可能造成的影响范围
  - 应急响应级别划分类型
    - 一级(最高级)
    - 二级
    - 三级
    - 四级
- 特别重大和重大突发事件 —— 由国务院制定
- 较大和一般突发事件 —— 由国务院确定的部门制定

拓展适用

《森林防火条例》
第 17 条

《突发事件应急预案管理办法》
第 4 条、第 7 条、第 8 条、第 10 条、第 36 条

《国家突发重大动物疫情应急预案》
第 4.2.2 条

《国家突发公共事件总体应急预案》
第 3.2.3 条

《突发事件医疗应急工作管理办法（试行）》
第 10 条

第七十二条　【应急处置机制】

旧	新
第四十八条　突发事件发生后，履行统一领导职责或者组织处置突发事件的人民政府应当针对其性质、特点和危害程度，立即组织有关部门，调动应急救援队伍和社会力量，依照本章的规定和有关法律、法规、规章的规定采取应急处置措施。	**第七十二条**　突发事件发生后，履行统一领导职责或者组织处置突发事件的人民政府应当针对其性质、特点、危害程度和影响范围等，立即启动应急响应，组织有关部门，调动应急救援队伍和社会力量，依照法律、法规、规章和应急预案的规定，采取应急处置措施，并向上级人民政府报告；必要时，可以设立现场指挥部，负责现场应急处置与救援，统一指挥进入突发事件现场的单位和个人。 启动应急响应，应当明确响应事项、级别、预计期限、应急处置措施等。 履行统一领导职责或者组织处置突发事件的人民政府，应当建立协调机制，提供需求信息，引导志愿服务组织和志愿者等社会力量及时有序参与应急处置与救援工作。

要点注释

通常来说，为适应高效处置突发事件、明确各地政府应急职责的需要，各级政府在突发事件应对工作的权限划分上应当遵循"地域管辖"的原则，由事发当地县级以上人民政府统一履行领导、组织职能，对本地突发事件进行第一时间的先行处置，及时控制危害后果的进一步扩大。

思维导图

- **履行统一领导职责或者组织处置突发事件的人民政府**
  - 应当立即启动应急响应 — 启动应急响应需明确的事项
    - 响应事项
    - 级别
    - 预计期限
    - 应急处置措施等
  - 组织有关部门，调动应急救援队伍和社会力量
  - 采取应急处置措施
  - 向上级政府报告
  - 设立现场指挥部（必要时）
  - 建立协调机制
    - 提供需求信息
    - 引导社会力量及时有序参与
      - 志愿服务组织
      - 志愿者等

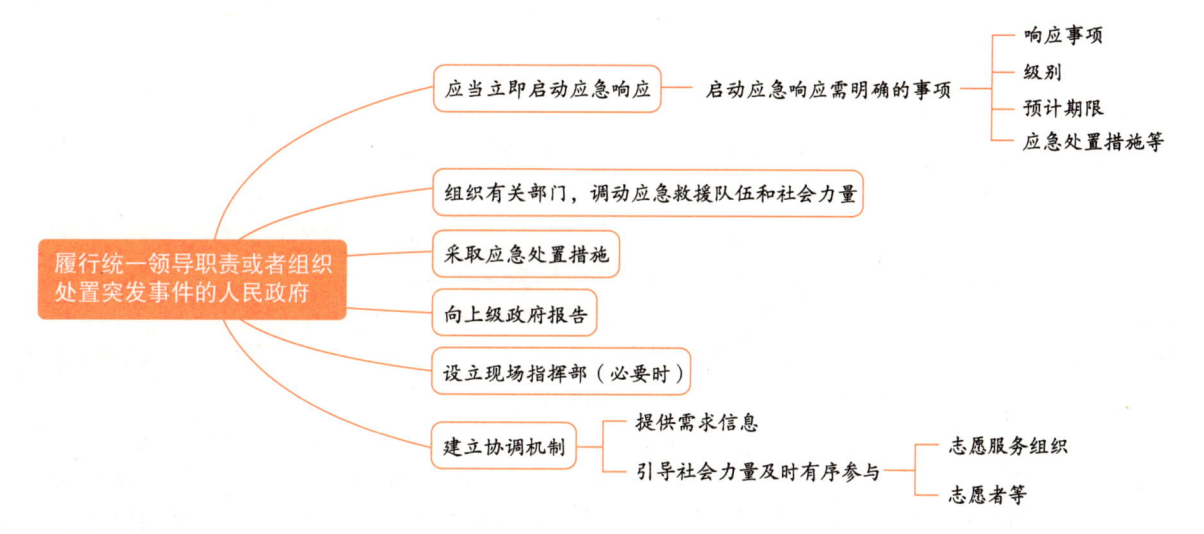

第七十三条 【自然灾害、事故灾难和公共卫生事件应急处置措施】

旧	新
第四十九条 自然灾害、事故灾难或者公共卫生事件发生后，履行统一领导职责的人民政府**可以**采取下列一项或者多项应急处置措施： （一）组织营救和救治受害人员，疏散、撤离并妥善安置受到威胁的人员以及采取其他救助措施； （二）迅速控制危险源，标明危险区域，封锁危险场所，划定警戒区，实行交通管制以及其他控制措施； （三）立即抢修被损坏的交通、通信、供水、排水、供电、供气、供热等公共设施，向受到危害的人员提供避难场所和生活必需品，实施医疗救护和卫生防疫以及其他保障措施； （四）禁止或者限制使用有关设备、设施，关闭或者限制使用有关场所，中止人员密集的活动或者可能导致危害扩大的生产经营活动以及采取其他保护措施； （五）启用本级人民政府设置的财政预备费和储备的应急救援物资，必要时调用其他急需物资、设备、设施、工具； （六）组织公民参加应急救援和处置工作，要求具有特定专长的人员提供服务；	**第七十三条** 自然灾害、事故灾难或者公共卫生事件发生后，履行统一领导职责的人民政府**应当**采取下列一项或者多项应急处置措施： （一）组织营救和救治受害人员，**转移**、疏散、撤离并妥善安置受到威胁的人员以及采取其他救助措施； （二）迅速控制危险源，标明危险区域，封锁危险场所，划定警戒区，实行交通管制、**限制人员流动**、**封闭管理**以及其他控制措施； （三）立即抢修被损坏的交通、通信、供水、排水、供电、供气、供热、**医疗卫生**、**广播电视**、**气象**等公共设施，向受到危害的人员提供避难场所和生活必需品，实施医疗救护和卫生防疫以及其他保障措施； （四）禁止或者限制使用有关设备、设施，关闭或者限制使用有关场所，中止人员密集的活动或者可能导致危害扩大的生产经营活动以及采取其他保护措施； （五）启用本级人民政府设置的财政预备费和储备的应急救援物资，必要时调用其他急需物资、设备、设施、工具； （六）组织公民、**法人和其他组织**参加应急救援和处置工作，要求具有特定专长的人员提供服务；

旧	新
（七）保障食品、饮用水、燃料等基本生活必需品的供应； （八）依法从严惩处囤积居奇、哄抬物价、制假售假等扰乱市场秩序的行为，稳定市场价格，维护市场秩序； （九）依法从严惩处哄抢财物、干扰破坏应急处置工作等扰乱社会秩序的行为，维护社会治安； （十）采取防止发生次生、衍生事件的必要措施。	（七）保障食品、饮用水、**药品**、燃料等基本生活必需品的供应； （八）依法从严惩处囤积居奇、哄抬价格、**牟取暴利**、制假售假等扰乱市场秩序的行为，维护市场秩序； （九）依法从严惩处哄抢财物、干扰破坏应急处置工作等扰乱社会秩序的行为，维护社会治安； （十）**开展生态环境应急监测，保护集中式饮用水水源地等环境敏感目标，控制和处置污染物；** （十一）采取防止发生次生、衍生事件的必要措施。

要点注释

本条是关于应对自然灾害、事故灾难或者公共卫生类突发事件所采取的应急处置措施的规定。

结合国内外应急处置措施，可以将这些措施分为如下几类，包括应急救助和安置措施、应急保障和保护措施、应急控制和禁止措施以及其他必要的措施等。具体来说，应急救助和安置是指突发事件发生后，政府在抢救、消防、医疗救治、卫生防疫、生活供给（包括避难所、基本生活条件和救济物品）、社会治安、恢复基础教育等方面采取的措施。应急保障和保护措施是指突发事件发生后，政府对生命线工程（如交通、通信、供水、排水、供电、供气、输油等）采取的保障措施，对次生灾害源（如供电工程、供气工程、输油工程、核设施等）采取的防护措施，以及对其他基础工程（如电视、广播、教育等）采取的保护措施。

121

🔺思维导图

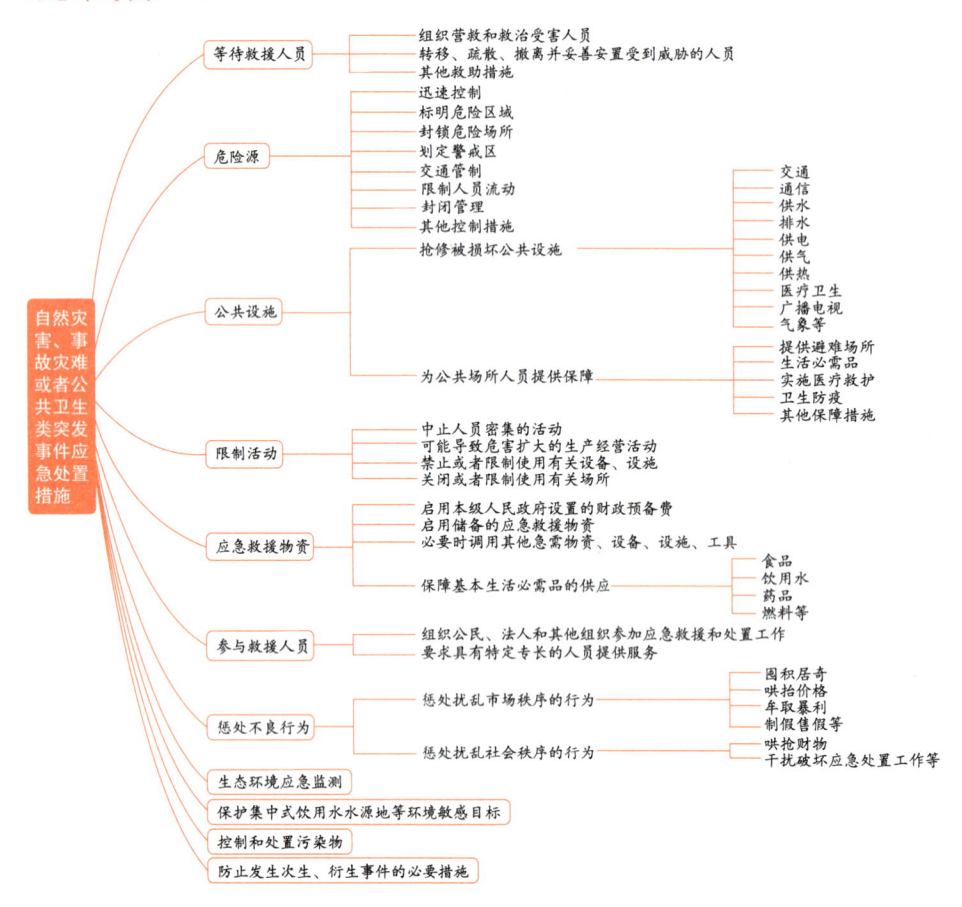

自然灾害、事故灾难或者公共卫生类突发事件应急处置措施

- 等待救援人员
  - 组织营救和救治受害人员
  - 转移、疏散、撤离并妥善安置受到威胁的人员
  - 其他救助措施
- 危险源
  - 迅速控制
  - 标明危险区域
  - 封锁危险场所
  - 划定警戒区
  - 交通管制
  - 限制人员流动
  - 封闭管理
  - 其他控制措施
- 公共设施
  - 抢修被损坏公共设施
    - 交通
    - 通信
    - 供水
    - 排水
    - 供电
    - 供气
    - 供热
    - 医疗卫生
    - 广播电视
    - 气象等
  - 为公共场所人员提供保障
    - 提供避难场所
    - 生活必需品
    - 实施医疗救护
    - 卫生防疫
    - 其他保障措施
- 限制活动
  - 中止人员密集的活动
  - 可能导致危害扩大的生产经营活动
  - 禁止或者限制使用有关设备、设施
  - 关闭或者限制使用有关场所
- 应急救援物资
  - 启用本级人民政府设置的财政预备费
  - 启用储备的应急救援物资
  - 必要时调用其他急需物资、设备、设施、工具
  - 保障基本生活必需品的供应
    - 食品
    - 饮用水
    - 药品
    - 燃料等
- 参与救援人员
  - 组织公民、法人和其他组织参加应急救援和处置工作
  - 要求具有特定专长的人员提供服务
- 惩处不良行为
  - 惩处扰乱市场秩序的行为
    - 囤积居奇
    - 哄抬价格
    - 牟取暴利
    - 制假售假等
  - 惩处扰乱社会秩序的行为
    - 哄抢财物
    - 干扰破坏应急处置工作等
- 生态环境应急监测
- 保护集中式饮用水水源地等环境敏感目标
- 控制和处置污染物
- 防止发生次生、衍生事件的必要措施

第七十四条 【社会安全事件应急处置措施】

旧	新
第五十条　社会安全事件发生后，组织处置工作的人民政府应当立即组织有关部门并由公安机关针对事件的性质和特点，依照有关法律、行政法规和国家其他有关规定，采取下列一项或者多项应急处置措施： （一）强制隔离使用器械相互对抗或者以暴力行为参与冲突的当事人，妥善解决现场纠纷和争端，控制事态发展； （二）对特定区域内的建筑物、交通工具、设备、设施以及燃料、燃气、电力、水的供应进行控制； （三）封锁有关场所、道路，查验现场人员的身份证件，限制有关公共场所内的活动； （四）加强对易受冲击的核心机关和单位的警卫，在国家机关、军事机关、国家通讯社、广播电台、电视台、外国驻华使领馆等单位附近设置临时警戒线； （五）法律、行政法规和国务院规定的其他必要措施。 严重危害社会治安秩序的事件发生时，公安机关应当立即依法出动警力，根据现场情况依法采取相应的强制性措施，尽快使社会秩序恢复正常。	第七十四条　社会安全事件发生后，组织处置工作的人民政府应当立即**启动应急响应**，组织有关部门针对事件的性质和特点，依照有关法律、行政法规和国家其他有关规定，采取下列一项或者多项应急处置措施： （一）强制隔离使用器械相互对抗或者以暴力行为参与冲突的当事人，妥善解决现场纠纷和争端，控制事态发展； （二）对特定区域内的建筑物、交通工具、设备、设施以及燃料、燃气、电力、水的供应进行控制； （三）封锁有关场所、道路，查验现场人员的身份证件，限制有关公共场所内的活动； （四）加强对易受冲击的核心机关和单位的警卫，在国家机关、军事机关、国家通讯社、广播电台、电视台、外国驻华使领馆等单位附近设置临时警戒线； （五）法律、行政法规和国务院规定的其他必要措施。

要点注释

本条是关于社会安全事件应急处置措施的规定。

此外,我国《治安管理处罚法》《集会游行示威法》《国家安全法》《计算机信息系统安全保护条例》《城市人民警察巡逻规定》等法律规范,也规定了应对社会安全事件的措施以及公安机关的职责。

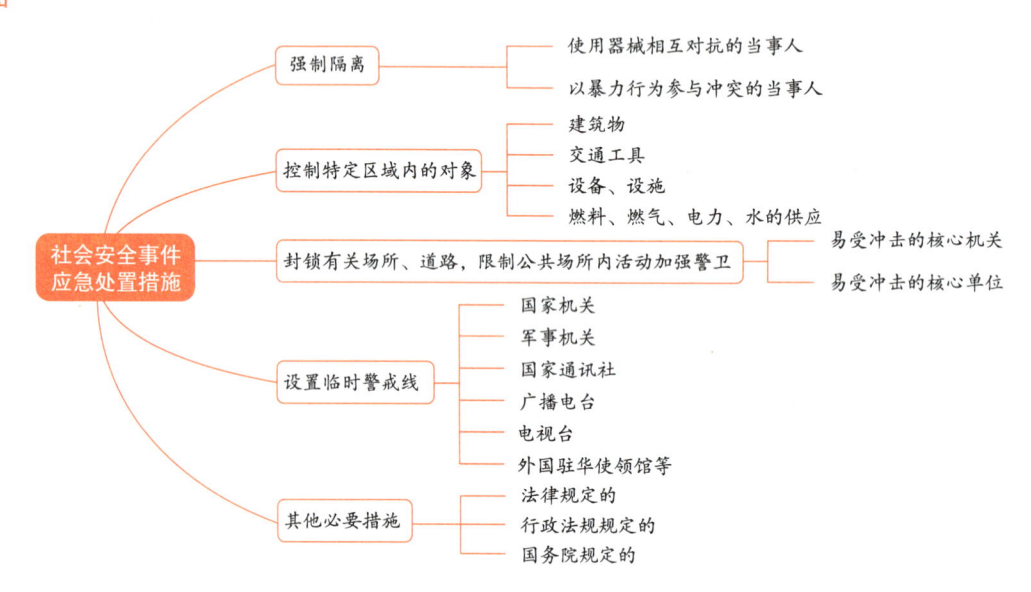

思维导图

- 社会安全事件应急处置措施
  - 强制隔离
    - 使用器械相互对抗的当事人
    - 以暴力行为参与冲突的当事人
  - 控制特定区域内的对象
    - 建筑物
    - 交通工具
    - 设备、设施
    - 燃料、燃气、电力、水的供应
  - 封锁有关场所、道路,限制公共场所内活动加强警卫
    - 易受冲击的核心机关
    - 易受冲击的核心单位
  - 设置临时警戒线
    - 国家机关
    - 军事机关
    - 国家通讯社
    - 广播电台
    - 电视台
    - 外国驻华使领馆等
  - 其他必要措施
    - 法律规定的
    - 行政法规规定的
    - 国务院规定的

拓展适用

《自然灾害救助条例》
第 33 条

《国家城市轨道交通运营突发事件应急预案》
第 1.3 条

《交通运输突发事件应急管理规定》
第 27 条

第七十五条 【严重影响国民经济运行的突发事件应急处置机制】

旧	新
第五十一条 发生突发事件，严重影响国民经济正常运行时，国务院或者国务院授权的有关主管部门可以采取保障、控制等必要的应急措施，保障人民群众的基本生活需要，最大限度地减轻突发事件的影响。	**第七十五条** 发生突发事件，严重影响国民经济正常运行时，国务院或者国务院授权的有关主管部门可以采取保障、控制等必要的应急措施，保障人民群众的基本生活需要，最大限度地减轻突发事件的影响。

要点注释

本条首先明确规定了国务院或者国务院授权的有关主管部门是这类突发事件的处置主体。处置这类突发事件的目的主要在于防止事件的发生或蔓延扩大，最大限度地降低突发事件的影响。

案例精析

柏某诉某市政府行政纠纷案

案号：（2020）最高法行申 4536 号
来源：中国裁判文书网

裁判要点

某市发生的急降雨导致该市某生活垃圾填埋场的挡坝出现明显断裂。发现紧急险情后，市政府立即组织相关部门实施了勘查现场、制定方案、专家论证、研究决策、及时报告、发出通知等行为，将该挡坝断裂移位情况认定为突发性地质灾害，并为避免人员生命安全和社会公共安全受到危害而作出了紧急排险处置决定。同时，市政府及时向省政府报告情况，指示镇政府启动突发性地质灾害应急预案并在发生险情区域内，采取人员撤离、设施拆除、水渠抢修等应急措施。市政府又根据专家现场论证意见，将某生活垃圾填埋场挡坝出现断裂，进而可能危及坝下群众生命财产安全并致使高速铁路干线中断的突发性地质灾害认定为"重大险情"，而开展必要的论证、报告等工作，并组织相关部门采取封锁坝下区域、疏散和撤离人员、拆除临近坝体搭建的养猪设施、将养猪户的生猪集中转移和卖出等应急处置措施，具有必要性和紧迫性，并未超过法律规定的限度。市政府集中转移生猪后，临时委托具有养猪资质的企业集中收存了全部生猪，后按高出同时期生猪市场价格约50%的价格集中出售了案涉生猪，该措施有利于减少养猪从业人员的经济损失。市政府所采取的案涉应急处置措施合法，并未超过必要限度，符合法律规定。

第七十六条 【应急协作机制和救援帮扶制度】

旧	新
第五十二条 履行统一领导职责或者组织处置突发事件的人民政府，必要时可以向单位和个人征用应急救援所需设备、设施、场地、交通工具和其他物资，请求其他地方人民政府提供人力、物力、财力或者技术支援，要求生产、供应生活必需品和应急救援物资的企业组织生产、保证供给，要求提供医疗、交通等公共服务的组织提供相应的服务。 履行统一领导职责或者组织处置突发事件的人民政府，应当组织协调运输经营单位，优先运送处置突发事件所需物资、设备、工具、应急救援人员和受到突发事件危害的人员。	第七十六条 履行统一领导职责或者组织处置突发事件的人民政府**及其有关部门**，必要时可以向单位和个人征用应急救援所需设备、设施、场地、交通工具和其他物资，请求其他地方人民政府**及其有关部门**提供人力、物力、财力或者技术支援，要求生产、供应生活必需品和应急救援物资的企业组织生产、保证供给，要求提供医疗、交通等公共服务的组织提供相应的服务。 履行统一领导职责或者组织处置突发事件的人民政府**和有关主管部门**，应当组织协调运输经营单位，优先运送处置突发事件所需物资、设备、工具、应急救援人员和受到突发事件危害的人员。 **履行统一领导职责或者组织处置突发事件的人民政府及其有关部门，应当为受突发事件影响无人照料的无民事行为能力人、限制民事行为能力人提供及时有效帮助；建立健全联系帮扶应急救援人员家庭制度，帮助解决实际困难。**

要点注释

本条是关于突发事件应急协作机制的规定。

为建立和完善突发事件应急处置的协作机制，明确各级政府及其相关部门的职责，从人、财、物等多个方面为突发事件应急工作提供支持，本法规定了各级政府及其相关部门、企业组织、公共服务组织、运输经营单位以及社会公众的支持、参与机制。

思维导图

突发事件应急协作机制
- 主体
  - 履行统一领导职责的人民政府及其有关部门
  - 组织处置突发事件的人民政府及其有关部门
- 可以
  - 必要时可以向单位和个人征用应急救援所需物资
    - 设备
    - 设施
    - 场地
    - 交通工具
    - 其他物资
  - 请求支援
    - 支援主体：其他地方人民政府及其有关部门
    - 支援内容：提供人力、物力、财力或者技术
  - 要求供给
    - 供给主体：生产物资企业
    - 供给内容
      - 生活必需品
      - 应急救援物资
  - 要求提供服务
    - 公共服务组织提供服务
      - 医疗
      - 交通等
- 应当
  - 组织协调运输经营单位
    - 优先运送应急救援所需
      - 物资
      - 设备
      - 工具
    - 优先处置应急救援人员
    - 优先处置受到突发事件危害的人员
  - 为特定人员提供帮助
    - 无人照料的无民事行为能力人
    - 限制民事行为能力人
  - 建立健全联系帮扶应急救援人员家庭制度

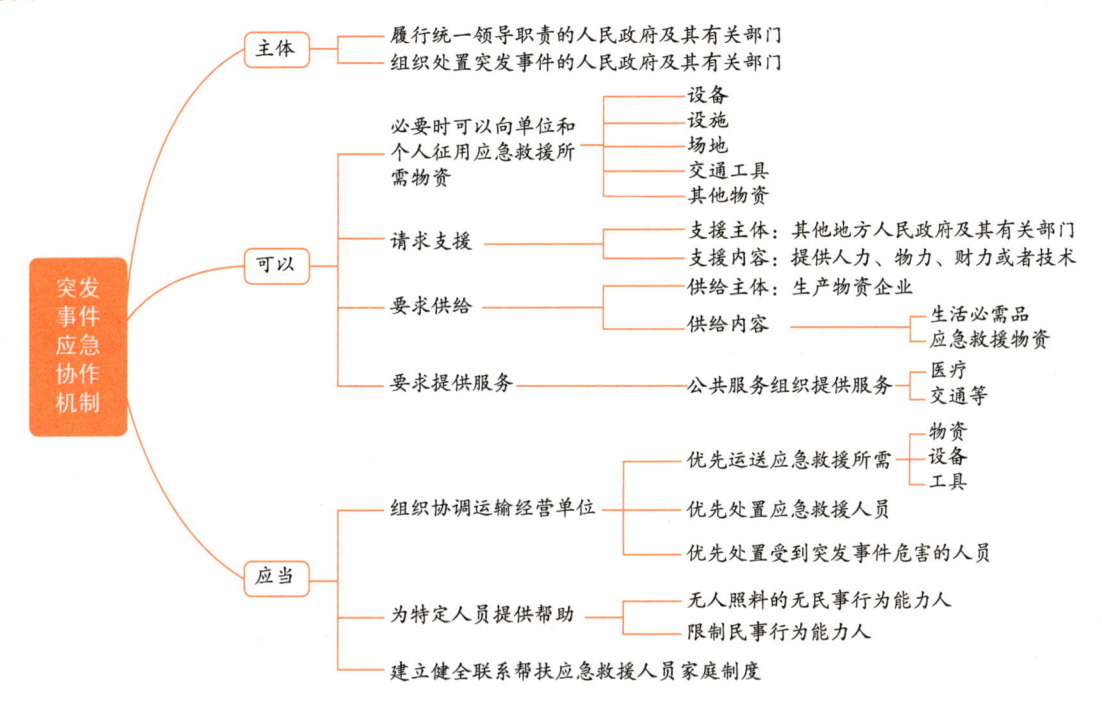

案例精析

彭某诉镇政府、区政府行政纠纷案

案号：（2020）甘 01 行终 16 号
来源：中国裁判文书网

裁判要点

非洲猪瘟疫情属于公共卫生事件，区政府有权按照突发事件采取应急处置措施，在必要时可以向单位和个人征用疫情应急处置所需设备、设施、场地、交通工具和其他物资。本案中，被上诉人镇政府在彭某的承包地上实施无害化处理，实质上是临时征用了彭某的承包地作为无害化处理场所，但具有征用应急处置所需场地的职权的行政机关系履行统一领导职责或者组织处置突发事件的人民政府即区政府，镇政府并不具有这一法定职权。因此，镇政府临时征用彭某的承包地作为无害化处理场所属于超越职权。

第七十七条 【群众性基层自治组织组织自救与互助】

旧	新
第五十五条　突发事件发生地的居民委员会、村民委员会和其他组织应当按照当地人民政府的决定、命令，进行宣传动员，组织群众开展自救和互救，协助维护社会秩序。	第七十七条　突发事件发生地的居民委员会、村民委员会和其他组织应当按照当地人民政府的决定、命令，进行宣传动员，组织群众开展自救与互救，协助维护社会秩序；**情况紧急的，应当立即组织群众开展自救与互救等先期处置工作。**

要点注释

本条是关于居民委员会、村民委员会等群众性基层自治组织应急职责的规定。

居民委员会、村民委员会和其他群众性基层自治组织要将应急管理作为自治管理的重要内容，落实应急管理工作责任人，做好群众的组织、动员工作。

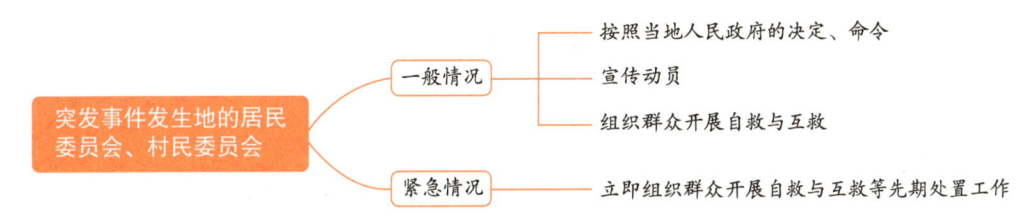

思维导图

突发事件发生地的居民委员会、村民委员会
- 一般情况
  - 按照当地人民政府的决定、命令
  - 宣传动员
  - 组织群众开展自救与互救
- 紧急情况
  - 立即组织群众开展自救与互救等先期处置工作

第七十八条 【突发事件有关单位的应急职责】

旧	新
第五十六条 受到自然灾害危害或者发生事故灾难、公共卫生事件的单位，应当立即组织本单位应急救援队伍和工作人员营救受害人员，疏散、撤离、安置受到威胁的人员，控制危险源，标明危险区域，封锁危险场所，并采取其他防止危害扩大的必要措施，同时向所在地县级人民政府报告；对因本单位的问题引发的或者主体是本单位人员的社会安全事件，有关单位应当按照规定上报情况，并迅速派出负责人赶赴现场开展劝解、疏导工作。 突发事件发生地的其他单位应当服从人民政府发布的决定、命令，配合人民政府采取的应急处置措施，做好本单位的应急救援工作，并积极组织人员参加所在地的应急救援和处置工作。	第七十八条 受到自然灾害危害或者发生事故灾难、公共卫生事件的单位，应当立即组织本单位应急救援队伍和工作人员营救受害人员，疏散、撤离、安置受到威胁的人员，控制危险源，标明危险区域，封锁危险场所，并采取其他防止危害扩大的必要措施，同时向所在地县级人民政府报告；对因本单位的问题引发的或者主体是本单位人员的社会安全事件，有关单位应当按照规定上报情况，并迅速派出负责人赶赴现场开展劝解、疏导工作。 突发事件发生地的其他单位应当服从人民政府发布的决定、命令，配合人民政府采取的应急处置措施，做好本单位的应急救援工作，并积极组织人员参加所在地的应急救援和处置工作。

要点注释

本条是关于突发事件发生地有关单位的应急职责的规定。

作为可能发生突发事件的企事业单位以及公共场所、公共交通工具和其他人群密集场所的经营管理单位，负有预防、监测、处置危机事件的特定义务和职责。在某种意义上说，这些单位是危机防范和应急处置的"第一责任人"。

🔺 思维导图

```
突发事件发生地有关单位的应急职责
├── 受影响单位的应急职责
│   ├── 责任主体
│   │   ├── 受到自然灾害危害的单位
│   │   ├── 发生事故灾难的单位
│   │   └── 发生公共卫生事件的单位
│   ├── 救援主体 ── 本单位应急救援队伍和工作人员
│   ├── 具体职责
│   │   ├── 营救受害人员
│   │   ├── 疏散、撤离、安置受到威胁的人员
│   │   ├── 控制危险源
│   │   ├── 标明危险区域
│   │   ├── 封锁危险场所
│   │   ├── 采取其他防止危害扩大的必要措施
│   │   └── 同时向所在地县级人民政府报告
│   └── 特殊规定
│       ├── 情形
│       │   ├── 因本单位的问题引发的社会安全事件
│       │   └── 主体是本单位人员的社会安全事件
│       └── 职责
│           ├── 有关单位应当按照规定上报情况
│           └── 迅速派出负责人赶赴现场开展劝解、疏导工作
└── 其他单位的应急职责
    ├── 服从人民政府发布的决定、命令
    ├── 配合人民政府采取的应急处置措施
    ├── 做好本单位的应急救援工作
    └── 组织人员参加所在地的应急救援和处置工作
```

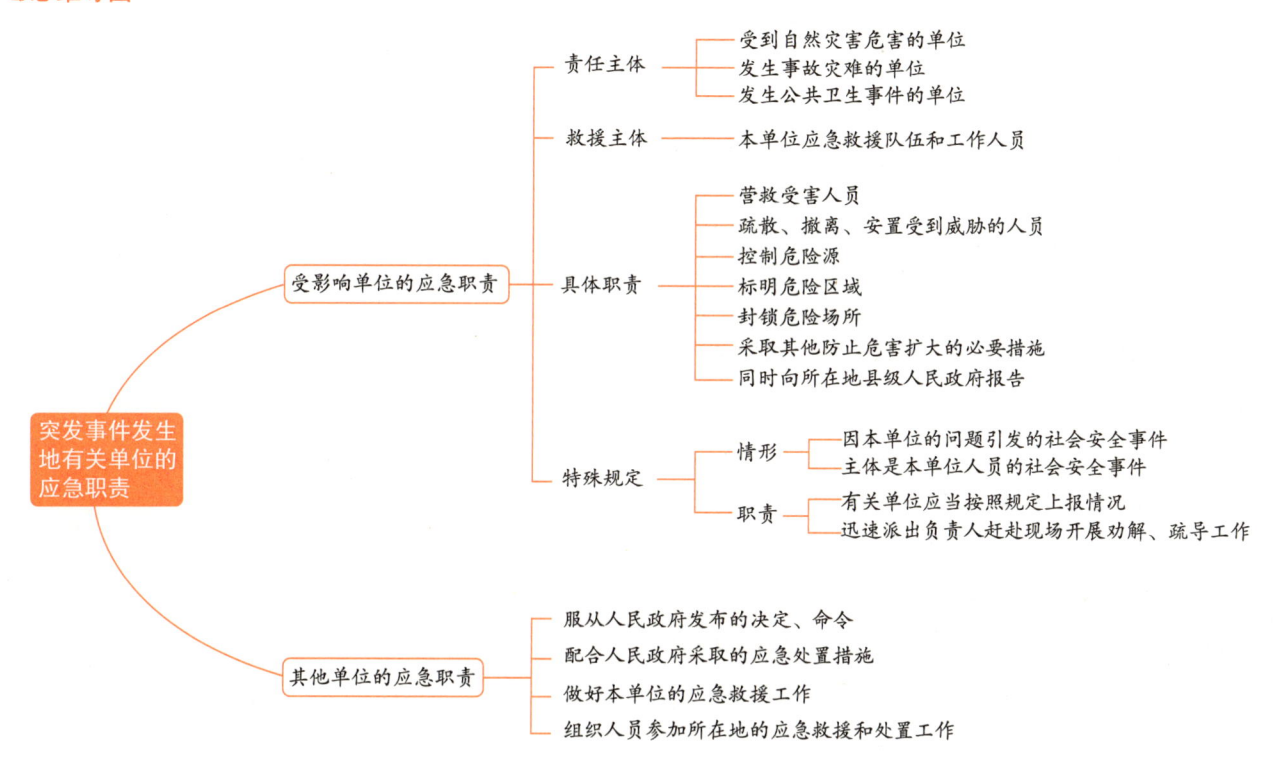

案例精析

周某诉某高速公路公司等环境污染责任案

案号：（2014）渝一中法民终字第03125号

来源：人民法院案例库（2023-11-2-377-006）

环境污染行为人以外的单位或个人对损害后果的扩大有过错的，应当承担与其过错程度相适应的侵权责任，其是否具有过错及过错程度可从是否具有防止损害发生或者扩大的义务、采取防范措施情况等因素进行判断。根据《水污染防治法》、2007年《突发事件应对法》的规定，发生事故或者其他突发性事件的单位在造成或者可能造成水污染事故的情况下，应当立即启动本单位的应急方案，采取应急措施，控制污染源，防止二次污染的发生、损害的扩大，而高速公路公司作为事故路段的管理者，应充分了解其控制、管理路产的周边情况，在该路段发生事故导致油类泄漏并溢流的情况下，仅应急处理路面交通秩序，在事发4个小时后才撒沙处理路面油污，没有采取一切必要手段和方法避免路面上的油污流向边坡、涵洞或对已流向边坡、涵洞的油污进行清理，致使油污流入周某的鱼塘造成环境污染和损失的扩大，由于高速公路公司不是环境污染的直接侵权人，故应在其职责范围内承担相应的过错责任即次要责任。

第七十九条 【突发事件发生地的公民应当履行的义务】

旧	新
第五十七条 突发事件发生地的公民应当服从人民政府、居民委员会、村民委员会或者所属单位的指挥和安排，配合人民政府采取的应急处置措施，积极参加应急救援工作，协助维护社会秩序。	第七十九条 突发事件发生地的个人应当依法服从人民政府、居民委员会、村民委员会或者所属单位的指挥和安排，配合人民政府采取的应急处置措施，积极参加应急救援工作，协助维护社会秩序。

◇ 思维导图

突发事件发生地个人的应急义务
- 依法服从指挥和安排
  - 人民政府
  - 居民委员会、村民委员会
  - 所属单位
- 配合人民政府采取的应急处置措施
- 积极参加应急救援工作
- 协助维护社会秩序

第八十条 【城乡社区组织应急工作机制】

第八十条 国家支持城乡社区组织健全应急工作机制,强化城乡社区综合服务设施和信息平台应急功能,加强与突发事件信息系统数据共享,增强突发事件应急处置中保障群众基本生活和服务群众能力。

要点注释

本条是关于城乡社区组织健全应急工作机制的规定。本条为新增规定。

思维导图

- 国家
  - 支持 —— 城乡社区组织健全应急工作机制
  - 强化
    - 城乡社区综合服务设施
    - 信息平台应急功能
  - 加强
    - 突发事件应急处置中的保障群众基本生活
    - 突发事件应急处置中的服务群众能力

第八十一条 【心理援助工作】

第八十一条 国家采取措施,加强心理健康服务体系和人才队伍建设,支持引导心理健康服务人员和社会工作者对受突发事件影响的各类人群开展心理健康教育、心理评估、心理疏导、心理危机干预、心理行为问题诊治等心理援助工作。

要点注释

本条是关于心理健康服务体系和人才队伍建设的规定。本条为新增规定,明确提出了对受到突发事件影响的各类人群开展心理援助工作。从面向人群来看,尽可能包含了受突发事件影响的"各类"人群;从援助内容上看,心理援助内容是多样化、全方位的。

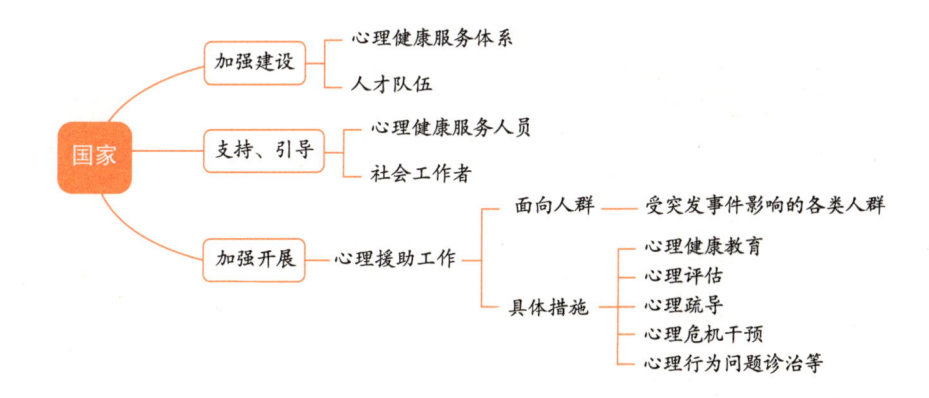

思维导图

- 国家
  - 加强建设
    - 心理健康服务体系
    - 人才队伍
  - 支持、引导
    - 心理健康服务人员
    - 社会工作者
  - 加强开展 — 心理援助工作
    - 面向人群 — 受突发事件影响的各类人群
    - 具体措施
      - 心理健康教育
      - 心理评估
      - 心理疏导
      - 心理危机干预
      - 心理行为问题诊治等

第八十二条 【遗体处置及遗物保管】

第八十二条 对于突发事件遇难人员的遗体,应当按照法律和国家有关规定,科学规范处置,加强卫生防疫,维护逝者尊严。对于逝者的遗物应当妥善保管。

要点注释

本条是关于突发事件遇难人员的遗体、遗物处置的规定。本条为新增规定,也与《民法典》关于人格权的规定进行了有效衔接。

◆思维导图

```
                              ┌─ 按照法律和国家有关规定科学规范处置
                      ┌─ 遗体 ─┼─ 加强卫生防疫
突发事件遇难人员 ─────┤        └─ 维护逝者尊严
                      └─ 遗物 ─── 妥善保管
```

拓展适用

《民法典》

第 109 条、第 994 条

《刑法》

第 234 条之一、第 246 条、第 302 条

第八十三条 【政府及部门信息收集与个人信息保护】

第八十三条 县级以上人民政府及其有关部门根据突发事件应对工作需要,在履行法定职责所必需的范围和限度内,可以要求公民、法人和其他组织提供应急处置与救援需要的信息。公民、法人和其他组织应当予以提供,法律另有规定的除外。县级以上人民政府及其有关部门对获取的相关信息,应当严格保密,并依法保护公民的通信自由和通信秘密。

要点注释

本条是关于公民、法人和其他组织信息提供义务和政府及其有关部门的信息保密义务。本条为新增规定。

思维导图

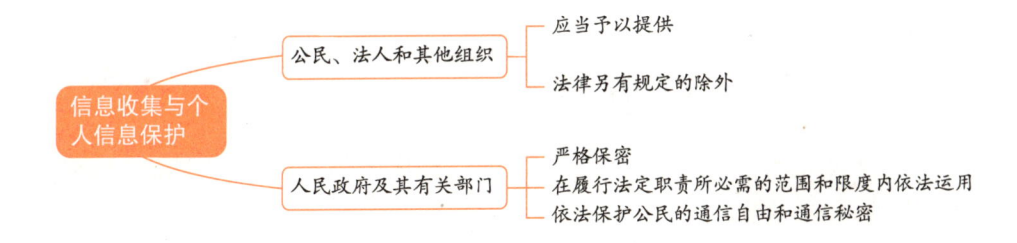

信息收集与个人信息保护
- 公民、法人和其他组织
  - 应当予以提供
  - 法律另有规定的除外
- 人民政府及其有关部门
  - 严格保密
  - 在履行法定职责所必需的范围和限度内依法运用
  - 依法保护公民的通信自由和通信秘密

拓展适用

《个人信息保护法》
第 13 条、第 18 条

《邮政法》
第 3 条

第八十四条 【有关单位、个人获取信息及使用限制】

第八十四条 在突发事件应急处置中,有关单位和个人因依照本法规定配合突发事件应对工作或者履行相关义务,需要获取他人个人信息的,应当依照法律规定的程序和方式取得并确保信息安全,不得非法收集、使用、加工、传输他人个人信息,不得非法买卖、提供或者公开他人个人信息。

要点注释

本条是关于在突发事件应急处置中个人信息获取的规定。本条为新增规定,并与《个人信息保护法》中对个人信息保护的规定形成呼应。

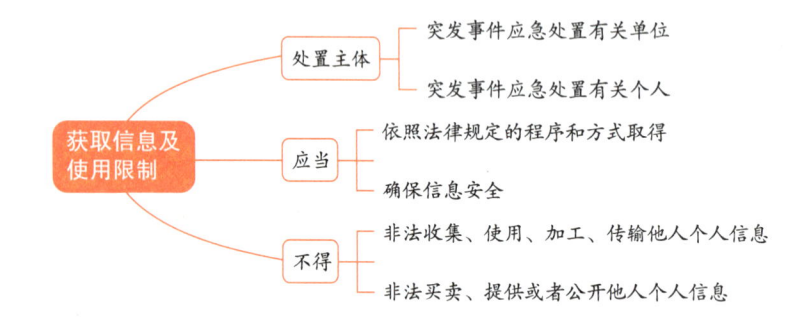

◆思维导图

```
                        ┌─ 突发事件应急处置有关单位
              ┌─ 处置主体 ┤
              │          └─ 突发事件应急处置有关个人
              │
获取信息及     │          ┌─ 依照法律规定的程序和方式取得
使用限制    ───┼─ 应当 ───┤
              │          └─ 确保信息安全
              │
              │          ┌─ 非法收集、使用、加工、传输他人个人信息
              └─ 不得 ───┤
                         └─ 非法买卖、提供或者公开他人个人信息
```

拓展适用

《个人信息保护法》
第 10 条、第 13 条、第 34 条

第八十五条 【信息用途、销毁和处理】

第八十五条 因依法履行突发事件应对工作职责或者义务获取的个人信息,只能用于突发事件应对,并在突发事件应对工作结束后予以销毁。确因依法作为证据使用或者调查评估需要留存或者延期销毁的,应当按照规定进行合法性、必要性、安全性评估,并采取相应保护和处理措施,严格依法使用。

要点注释

本条是关于在突发事件应急处置中个人信息使用的规定。本条为新增规定。

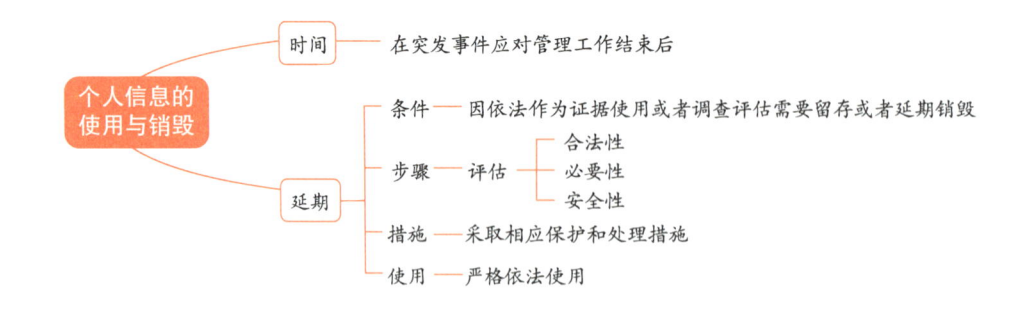

◆思维导图

个人信息的使用与销毁
- 时间 —— 在突发事件应对管理工作结束后
- 延期
  - 条件 —— 因依法作为证据使用或者调查评估需要留存或者延期销毁
  - 步骤 —— 评估
    - 合法性
    - 必要性
    - 安全性
  - 措施 —— 采取相应保护和处理措施
  - 使用 —— 严格依法使用

第六章　事后恢复与重建

第八十六条 【应急响应解除】

旧	新
第五十八条 突发事件的威胁和危害得到控制或者消除后，**履行统一领导职责或者组织处置突发事件的人民政府应当停止执行依照本法规定采取的应急处置措施**，同时采取或者继续实施必要措施，防止发生自然灾害、事故灾难、公共卫生事件的次生、衍生事件或者重新引发社会安全事件。	**第八十六条** 突发事件的威胁和危害得到控制或者消除后，履行统一领导职责或者组织处置突发事件的人民政府应当**宣布解除应急响应**，停止执行依照本法规定采取的应急处置措施，同时采取或者继续实施必要措施，防止发生自然灾害、事故灾难、公共卫生事件的次生、衍生事件或者重新引发社会安全事件，**组织受影响地区尽快恢复社会秩序**。

要点注释

本条是关于突发事件的威胁和危害得到控制或者消除后，停止执行有关应急处置措施，同时采取或者继续实施必要措施的规定。

应急处置措施的停止并不等于应急处置工作的终结。本质上讲，本条的规定是介于突发事件应急处置与救援和恢复与重建之间的一个过渡阶段。停止执行应急处置措施，是因为突发事件及其影响已经得到了有效的控制，继续采取这些措施已经没有必要，但是这并不意味着导致突发事件的原因已经完全消除。

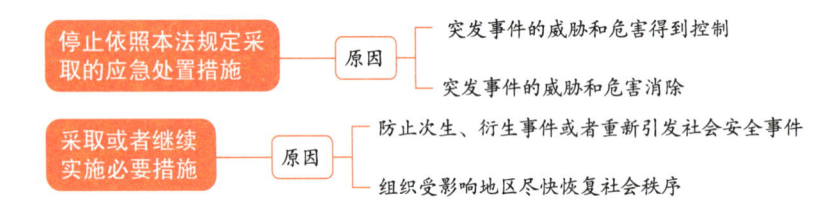

思维导图

- 停止依照本法规定采取的应急处置措施 —— 原因
  - 突发事件的威胁和危害得到控制
  - 突发事件的威胁和危害消除
- 采取或者继续实施必要措施 —— 原因
  - 防止次生、衍生事件或者重新引发社会安全事件
  - 组织受影响地区尽快恢复社会秩序

案例精析

某热力公司诉区人民政府其他行政纠纷案

案号：（2017）最高法行申 8819 号

来源：中国裁判文书网

裁判要点

根据 2007 年《突发事件应对法》第十六条、第五十八条以及《江苏省实施〈中华人民共和国突发事件应对法〉办法》第六十七条的规定，政府以突发事件为由停止了企业的经营，但未履行相应的备案程序，并说明应急管理未结束的合法理由。故政府以突发事件应急管理为由而实施的强制剥夺经营权及财产权的行为无事实根据和法律依据，且违反法定程序，依法应予撤销。

第八十七条 【影响、损失评估与恢复重建】

旧	新
第五十九条 突发事件应急处置工作结束后，履行统一领导职责的人民政府应当立即组织对突发事件造成的损失进行评估，组织受影响地区尽快恢复生产、生活、工作和社会秩序，制定恢复重建计划，并向上一级人民政府报告。 受突发事件影响地区的人民政府应当及时组织和协调公安、交通、铁路、民航、邮电、建设等有关部门恢复社会治安秩序，尽快修复被损坏的交通、通信、供水、排水、供电、供气、供热等公共设施。	第八十七条 突发事件应急处置工作结束后，履行统一领导职责的人民政府应当立即组织对突发事件造成的**影响和损失**进行**调查**评估，制定恢复重建计划，并向上一级人民政府报告。 受突发事件影响地区的人民政府应当及时组织和协调**应急管理、卫生健康**、公安、交通、铁路、民航、**邮政、电信**、建设、**生态环境、水利、能源、广播电视**等有关部门恢复社会秩序，尽快修复被损坏的交通、通信、供水、排水、供电、供气、供热、**医疗卫生、水利、广播电视**等公共设施。

要点注释

本条是关于突发事件应急处置工作结束后，评估损失和恢复生产、生活、工作和社会秩序，制定恢复重建计划以及修复公共设施等的规定。

突发事件的发生，可能会给人民群众的生命财产造成极大的损失，严重破坏正常的生产、生活秩序，使人们处在不稳定的状态之中。因此，应急处置措施结束后，最紧迫的是要尽快恢复正常的生产生活秩序。政府要积极履行职责，组织受影响地区尽快恢复生产、生活、工作和社会秩序的同时，尽快制定恢复重建计划，并以此为指导，科学、有序地开展恢复重建工作。

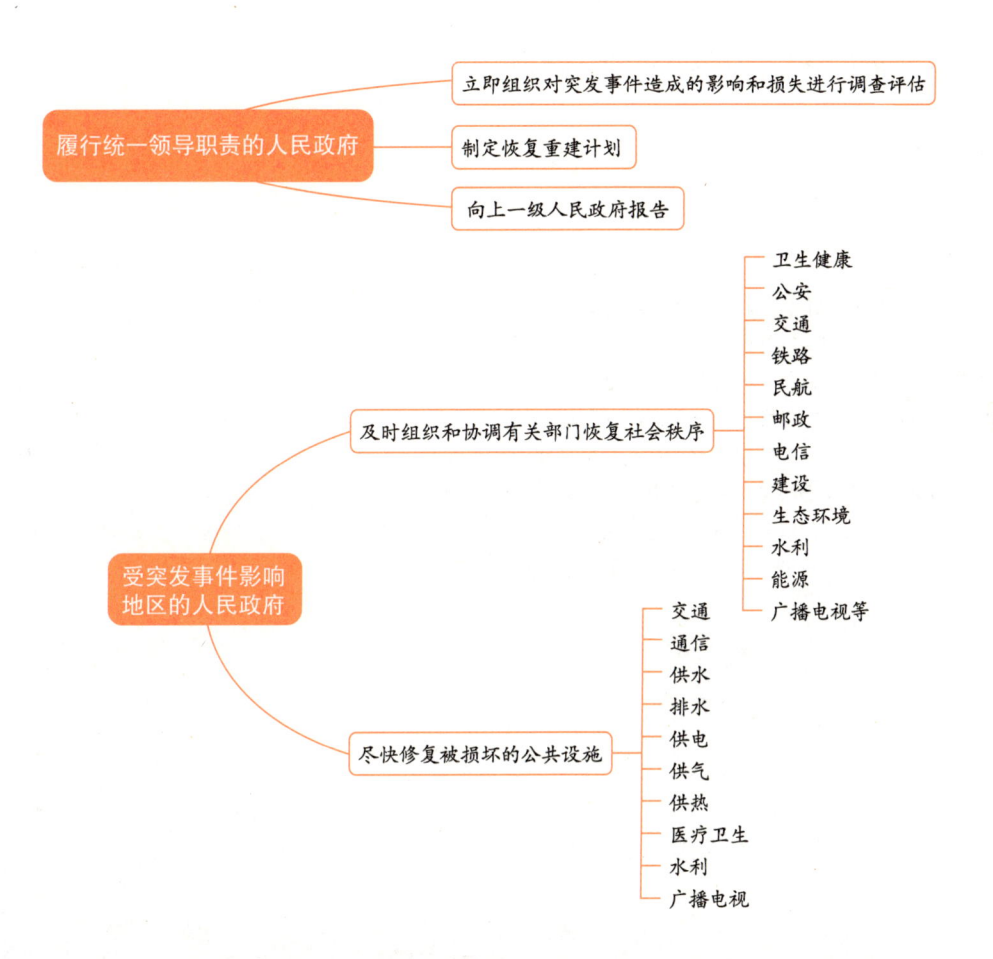

思维导图

- 履行统一领导职责的人民政府
  - 立即组织对突发事件造成的影响和损失进行调查评估
  - 制定恢复重建计划
  - 向上一级人民政府报告

- 受突发事件影响地区的人民政府
  - 及时组织和协调有关部门恢复社会秩序
    - 卫生健康
    - 公安
    - 交通
    - 铁路
    - 民航
    - 邮政
    - 电信
    - 建设
    - 生态环境
    - 水利
    - 能源
    - 广播电视等
  - 尽快修复被损坏的公共设施
    - 交通
    - 通信
    - 供水
    - 排水
    - 供电
    - 供气
    - 供热
    - 医疗卫生
    - 水利
    - 广播电视

案例精析

马某、区政府不履行法定职责及行政赔偿再审审查与审判监督行政裁定案

案号：（2019）最高法行申 14167 号
来源：中国裁判文书网

裁判要点

根据 2007 年《突发事件应对法》第五十九条规定，突发事件应急处置工作结束后，履行统一领导职责的人民政府应当立即组织对突发事件造成的损失进行评估。因案外人驾驶油罐车侧翻导致车内原油倾倒、泄漏，区政府立即组织有关部门进行应急处置，次日下午将污染现场及水面污染物清理完毕；同年区环境保护监测站对某坝水质现状作出监测报告，检测结果显示所有项目均未超标，至此案涉原油泄漏事件应急处置工作已结束，但区政府未立即组织对案涉突发事件造成的损失进行评估，不符合上述法律规定。

第八十八条 【支援恢复重建】

旧	新
第六十条 受突发事件影响地区的人民政府开展恢复重建工作需要上一级人民政府支持的，可以向上一级人民政府提出请求。上一级人民政府应当根据受影响地区遭受的损失和实际情况，提供资金、物资支持和技术指导，组织其他地区提供资金、物资和人力支援。	第八十八条 受突发事件影响地区的人民政府开展恢复重建工作需要上一级人民政府支持的，可以向上一级人民政府提出请求。上一级人民政府应当根据受影响地区遭受的损失和实际情况，提供资金、物资支持和技术指导，组织**协调**其他地区**和有关方面**提供资金、物资和人力支援。

要点注释

本条是关于上一级人民政府对下级人民政府组织开展恢复重建工作进行支持和指导的规定。

一些突发事件，如地震、洪水、传染病等造成的损失非常严重，恢复重建需要投入大量的物力和财力，超过了受突发事件影响地区的人民政府所能应对的范围。在这种情况下，可以请求上一级人民政府进行支持和指导。上一级人民政府应当履行两方面的职责：一是根据受影响地区遭受的损失和实际情况，提供资金、物资支持和技术指导。二是组织其他地区提供资金、物资和人力支援。

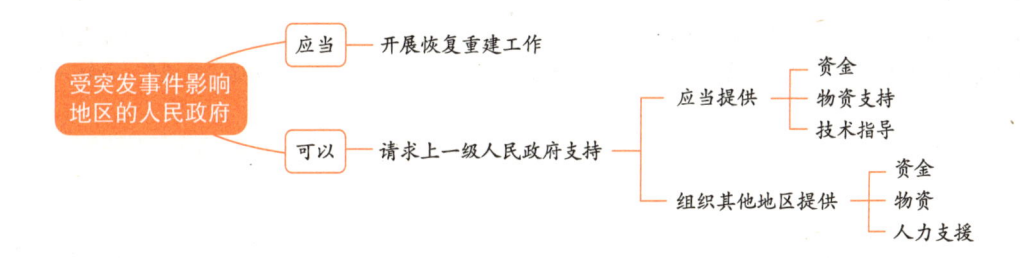

思维导图

受突发事件影响地区的人民政府
- 应当 — 开展恢复重建工作
- 可以 — 请求上一级人民政府支持
  - 应当提供
    - 资金
    - 物资支持
    - 技术指导
  - 组织其他地区提供
    - 资金
    - 物资
    - 人力支援

第八十九条 【扶持优惠和善后工作】

旧	新
第六十一条第一款、第二款 国务院根据受突发事件影响地区遭受损失的情况，制定扶持该地区有关行业发展的优惠政策。 受突发事件影响地区的人民政府应当根据本地区遭受损失的情况，制定救助、补偿、抚慰、抚恤、安置等善后工作计划并组织实施，妥善解决因处置突发事件引发的矛盾和纠纷。	**第八十九条** 国务院根据受突发事件影响地区遭受损失的情况，制定扶持该地区有关行业发展的优惠政策。 受突发事件影响地区的人民政府应当根据本地区遭受的损失和**采取应急处置措施**的情况，制定救助、**补偿**、**抚慰**、**抚恤**、**安置**等善后工作计划并组织实施，妥善解决因处置突发事件引发的矛盾纠纷。

▶ 补偿，主要有两种情况，一种是对财产征用的补偿，另一种是对依法采取的财产处分行为的补偿。为了有效应对突发事件，有关人民政府及其部门可以征用单位和个人的财产。

▶ 抚恤，是指对突发事件中的因公受伤或致残的人员，或因公牺牲以及病故的人员的家属进行安慰并给予物质帮助。抚恤分为伤残抚恤和死亡抚恤两种。

▶ 安置，是指对突发事件中失去住房的人员提供居住条件。在恢复重建工作中，首先应当及时为受灾人员提供临时居住场所。然后，要积极开展住房重建工作。

▶ 抚慰，是指对受到突发事件影响的民众进行心理引导，帮助他们尽快摆脱恐惧心理及紧张状态。突发事件带给人类的不仅是物质损害，还有心理影响。心理影响又分为短期的影响（如恐惧、悲观、厌烦、埋怨、对抗等）和长期的影响（心理创伤）。

要点注释

本条是关于突发事件应急处置善后工作的规定。

由国务院制定有关行业发展的优惠政策，主要考虑是：（1）一些突发事件，特别是公共卫生事件的影响范围比较广，经常超出一个省的范围，有的甚至成为全国性问题，需要国务院作出规定。（2）一些优惠政策，比如税收减免，依法只能由国务院（或者国务院税务主管部门）作出决定。

⛉ 思维导图

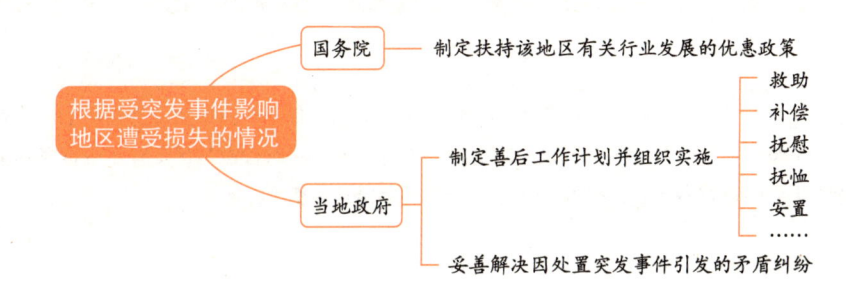

根据受突发事件影响地区遭受损失的情况
- 国务院 —— 制定扶持该地区有关行业发展的优惠政策
- 当地政府
  - 制定善后工作计划并组织实施
    - 救助
    - 补偿
    - 抚慰
    - 抚恤
    - 安置
    - ……
  - 妥善解决因处置突发事件引发的矛盾纠纷

拓展适用

《防震减灾法》
第 72 条

《自然灾害救助条例》
第 19 条

第九十条 【公民参与应急的保障】

旧	新
第六十一条第三款　公民参加应急救援工作或者协助维护社会秩序期间，其在本单位的工资待遇和福利不变；表现突出、成绩显著的，由县级以上人民政府给予表彰或者奖励。	第九十条　公民参加应急救援工作或者协助维护社会秩序期间，其所在单位应当保证其工资待遇和福利不变，并可以按照规定给予相应补助。

要点注释

本条是关于公民参加应急救援工作或者协助维护社会秩序期间单位待遇的规定。

拓展适用

《国务院办公厅关于加强传染病防治人员安全防护的意见》
第6部分

第九十一条 【伤亡人员保障】

旧	新
第六十一条第四款　县级以上人民政府对在应急救援工作中伤亡的人员依法给予抚恤。	第九十一条　县级以上人民政府对在应急救援工作中伤亡的人员依法落实工伤待遇、抚恤或者其他保障政策，并组织做好应急救援工作中致病人员的医疗救治工作。

要点注释

本条是关于应急救援工作中伤亡人员的保障政策和致病人员的医疗救治工作的规定。

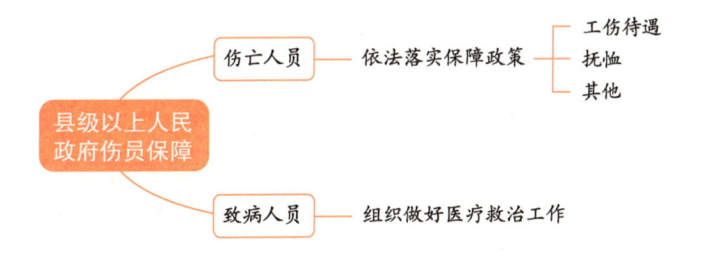

思维导图

县级以上人民政府伤员保障
- 伤亡人员 —— 依法落实保障政策
  - 工伤待遇
  - 抚恤
  - 其他
- 致病人员 —— 组织做好医疗救治工作

第九十二条 【突发事件调查、应急处置总结】

旧	新
第六十二条　履行统一领导职责的人民政府应当及时查明突发事件的发生经过和原因，总结突发事件应急处置工作的经验教训，制定改进措施，并向上一级人民政府提出报告。	第九十二条　履行统一领导职责的人民政府**在突发事件应对工作结束后**，应当及时查明突发事件的发生经过和原因，总结突发事件应急处置工作的经验教训，制定改进措施，并向上一级人民政府提出报告。

要点注释

本条是关于突发事件调查、应急处置工作总结的规定。

应急处置工作结束后，履行统一领导职责的人民政府应当对突发事件处置工作进行全面总结，并向上一级人民政府报告。

思维导图

履行统一领导职责的人民政府
- 查明 —— 突发事件的发生经过和原因
- 总结 —— 突发事件应急处置工作的经验教训
- 制定 —— 改进措施
- 报告 —— 向上一级人民政府提出

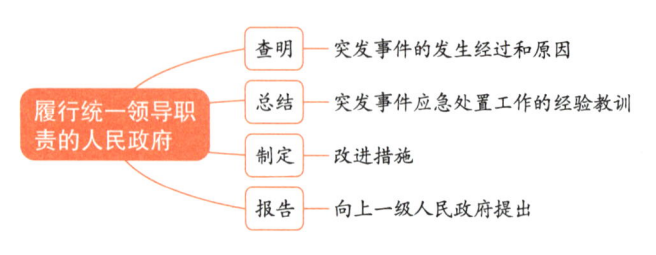

案例精析

金某、潘某诉某市政府行政纠纷案

案号：（2020）最高法行申 6504 号
来源：中国裁判文书网

裁判要点

市政府具有对某区某街道农民自建房倒塌事件组成调查组、批复调查报告等应对处理的法定职权。事件发生后，市政府成立调查组。技术专家组通过调查取证与技术分析，形成案涉事件环境调查报告、原材料检测及施工质量状况报告、技术分析报告。评审专家对技术分析报告进行分析，出具评审意见。调查组基于上述技术分析及评审意见，形成案涉事件调查报告，主要内容包括事件发生的经过和救援情况，人员伤亡等事件基本情况，事件发生的原因和事件性质等。市政府对调查报告审查后同意事件调查组对案涉事件的原因分析、性质认定、责任认定、对责任者的处理意见及整改措施等。

第九十三条 【资金和物资审计监督】

第九十三条 突发事件应对工作中有关资金、物资的筹集、管理、分配、拨付和使用等情况,应当依法接受审计机关的审计监督。

要点注释

本条是有关突发事件应对管理工作中有关资金、物资的审计监督的规定。本条为新增规定。

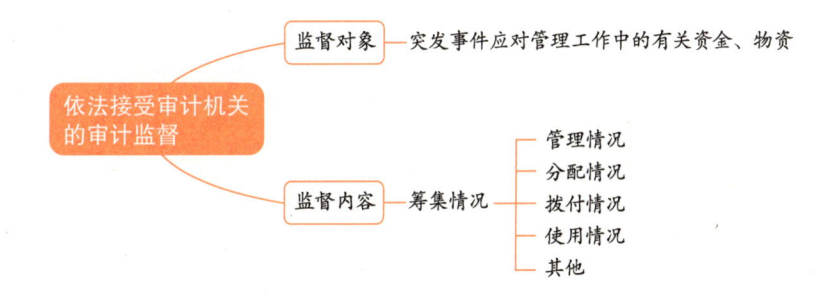

思维导图

依法接受审计机关的审计监督
- 监督对象 —— 突发事件应对管理工作中的有关资金、物资
- 监督内容 —— 筹集情况
  - 管理情况
  - 分配情况
  - 拨付情况
  - 使用情况
  - 其他

第九十四条 【应对工作档案管理】

第九十四条 国家档案主管部门应当建立健全突发事件应对工作相关档案收集、整理、保护、利用工作机制。突发事件应对工作中形成的材料,应当按照国家规定归档,并向相关档案馆移交。

要点注释

本条是关于突发事件应对管理工作相关档案工作的规定。本条为新增规定。

🔺思维导图

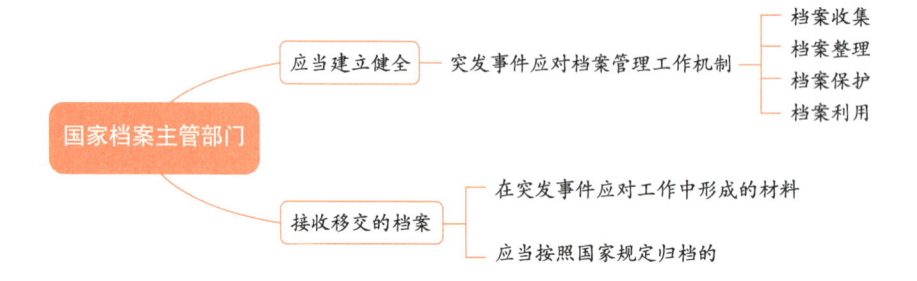

```
                          ┌─应当建立健全──突发事件应对档案管理工作机制─┬─档案收集
                          │                                              ├─档案整理
                          │                                              ├─档案保护
国家档案主管部门──────────┤                                              └─档案利用
                          │
                          └─接收移交的档案─┬─在突发事件应对工作中形成的材料
                                          └─应当按照国家规定归档的
```

拓展适用

《档案法》
　　第 2 条、第 26 条

156

第七章 法律责任

第九十五条 【地方政府、有关部门及其人员不依法履责的法律责任】

旧	新
第六十三条 地方各级人民政府和县级以上各级人民政府有关部门违反本法规定，不履行法定职责的，由其上级行政机关或者监察机关责令改正；有下列情形之一的，根据情节对直接负责的主管人员和其他直接责任人员依法给予处分： （一）未按规定采取预防措施，导致发生突发事件，或者未采取必要的防范措施，导致发生次生、衍生事件的； （二）迟报、谎报、瞒报、漏报有关突发事件的信息，或者通报、报送、公布虚假信息，造成后果的； （三）未按规定及时发布突发事件警报、采取预警期的措施，导致损害发生的； （四）未按规定及时采取措施处置突发事件或者处置不当，造成后果的； （五）不服从上级人民政府对突发事件应急处置工作的统一领导、指挥和协调的； （六）未及时组织开展生产自救、恢复重建等善后工作的； （七）截留、挪用、私分或者变相私分应急救援资金、物资的； （八）不及时归还征用的单位和个人的财产，或者对被征用财产的单位和个人不按规定给予补偿的。	第九十五条 地方各级人民政府和县级以上人民政府有关部门违反本法规定，不履行**或者不正确履行**法定职责的，由其上级行政机关责令改正；有下列情形之一，**由有关机关综合考虑突发事件发生的原因、后果、应对处置情况、行为人过错等因素**，对**负有责任的领导人员**和直接责任人员依法给予处分： （一）未按照规定采取预防措施，导致发生突发事件，或者未采取必要的防范措施，导致发生次生、衍生事件的； （二）迟报、谎报、瞒报、漏报**或者授意他人迟报、谎报、瞒报以及阻碍他人报告**有关突发事件的信息，或者通报、报送、公布虚假信息，造成后果的； （三）未按照规定及时发布突发事件警报、采取预警期的措施，导致损害发生的； （四）未按照规定及时采取措施处置突发事件或者处置不当，造成后果的； （五）**违反法律规定采取应对措施，侵犯公民生命健康权益的**； （六）不服从上级人民政府对突发事件应急处置工作的统一领导、指挥和协调的； （七）未及时组织开展生产自救、恢复重建等善后工作的； （八）截留、挪用、私分或者变相私分应急救援资金、物资的； （九）不及时归还征用的单位和个人的财产，或者对被征用财产的单位和个人不按照规定给予补偿的。

🔺思维导图

地方各级人民政府和县级以上人民政府有关部门
- 不履行法定职责 —— 建立健全突发事件应对档案管理工作机制
- 不正确履行法定职责

↳ 上级行政机关责令改正

负有责任的领导人员和直接责任人员
- 未按照规定采取预防措施 —— 发生突发事件
- 未采取必要的防范措施 —— 发生次生、衍生事件
- 迟报、谎报、瞒报、漏报
- 授意他人迟报、谎报、瞒报
- 阻碍他人报告
- 通报、报送、公布虚假信息

  ↳ 造成后果未按照规定及时发布突发事件警报、采取预警期的措施
  ↳ 损害发生未按照规定及时采取措施处置突发事件或者处置不当
  ↳ 违反法律规定采取应对措施，侵犯公民生命健康权益

- 不服从上级人民政府对突发事件应急处置工作的统一领导、指挥和协调
- 未及时组织开展生产自救、恢复重建等善后工作
- 截留、挪用、私分或者变相私分应急救援资金、物资
- 不及时归还征用的单位和个人的财产，或者对被征用财产的单位和个人不按照规定给予补偿

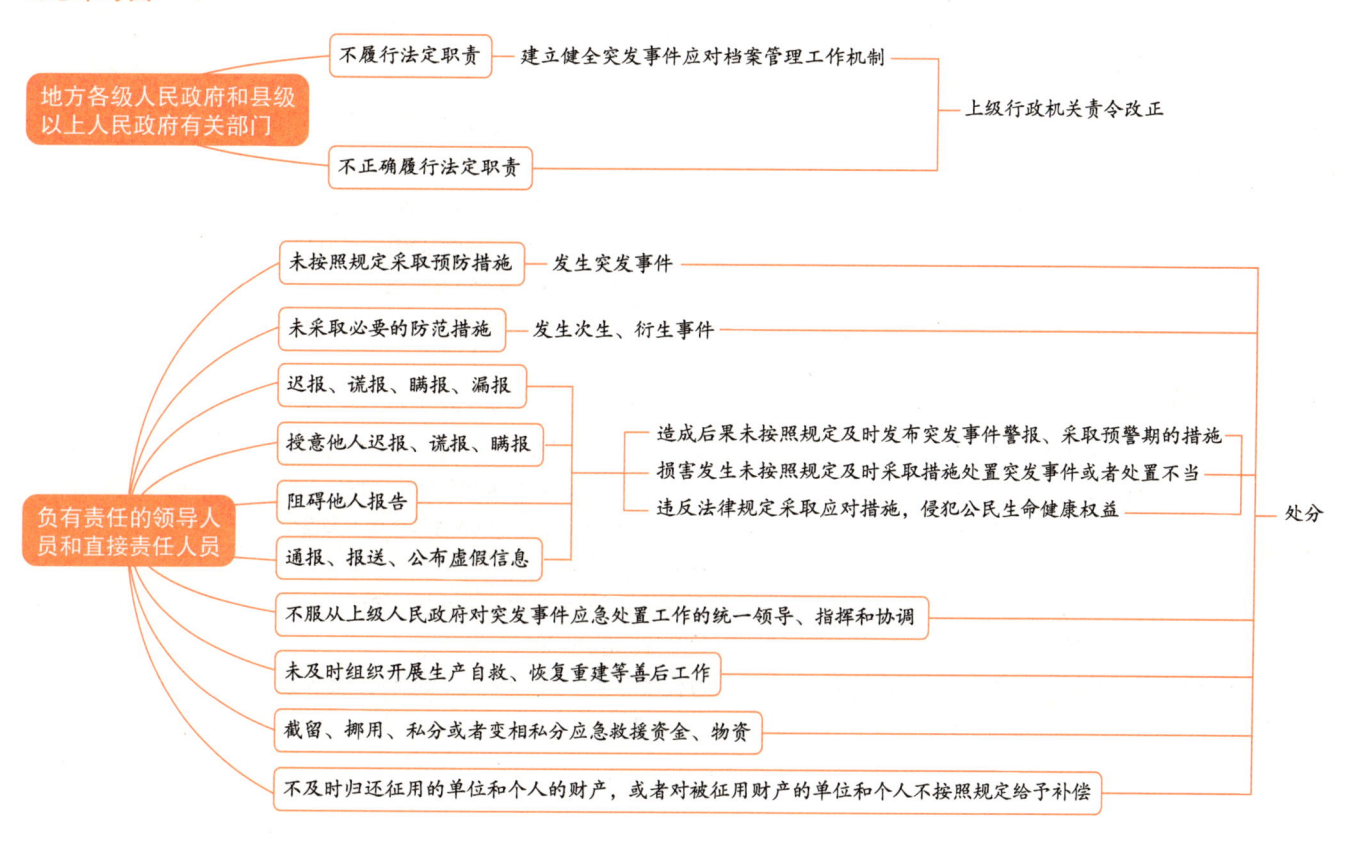

↳ 处分

第九十六条 【突发事件发生地的单位不履行法定义务的法律责任】

旧	新
第六十四条 有关单位有下列情形之一的，由所在地履行统一领导职责的人民政府责令停产停业，暂扣或者吊销许可证或者营业执照，并处五万元以上二十万元以下的罚款；构成违反治安管理行为的，由公安机关依法给予处罚： （一）未按规定采取预防措施，导致发生严重突发事件的； （二）未及时消除已发现的可能引发突发事件的隐患，导致发生严重突发事件的； （三）未做好应急设备、设施日常维护、检测工作，导致发生严重突发事件或者突发事件危害扩大的； （四）突发事件发生后，不及时组织开展应急救援工作，造成严重后果的。 前款规定的行为，其他法律、行政法规规定由人民政府有关部门依法决定处罚的，从其规定。	**第九十六条** 有关单位有下列情形之一，由所在地履行统一领导职责的人民政府**有关部门**责令停产停业，暂扣或者吊销许可证**件**，并处五万元以上二十万元以下的罚款；**情节特别严重的，并处二十万元以上一百万元以下的罚款：** （一）未按照规定采取预防措施，导致发生**较大以上**突发事件的； （二）未及时消除已发现的可能引发突发事件的隐患，导致发生**较大以上**突发事件的； （三）未做好**应急物资储备和**应急设备、设施日常维护、检测工作，导致发生**较大以上**突发事件或者突发事件危害扩大的； （四）突发事件发生后，不及时组织开展应急救援工作，造成严重后果的。 **其他法律对前款行为规定了处罚的，依照较重的规定处罚。**

▶ 这里的"单位"是指根据本法规定承担了部分突发事件应对法律义务的社会单位，如矿山、建筑施工单位和易燃易爆物品、危险化学品、放射性物品等危险物品的生产、经营、储运、使用单位；公共交通工具、公共场所和其他人员密集场所的经营单位或者管理单位等，不包括村委会、居委会等基层群众自治性组织。

要点注释

本条是关于单位应承担法律责任的规定。

本法不仅突出强调了行政机关的应急管理职责，也从各个方面明确了有关单位在突发事件应对工作中的法定义务，赋予其必要的应急管理职责，从而将各种社会单位纳入了公共应急体制，这对于扩大应急管理的参与程度，提高应急管理工作的效率，有效避免和减少突发事件的发生或者降低突发事件带来的危害都具有重要意义。为保证这些单位切实履行法定义务，必须相应地作出法律责任的设定。

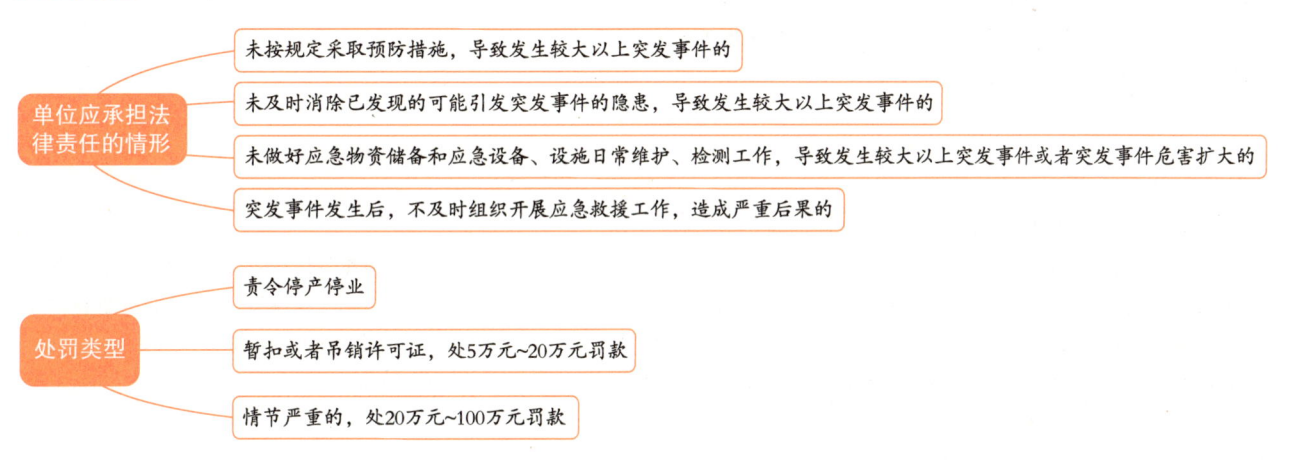

思维导图

单位应承担法律责任的情形
- 未按规定采取预防措施，导致发生较大以上突发事件的
- 未及时消除已发现的可能引发突发事件的隐患，导致发生较大以上突发事件的
- 未做好应急物资储备和应急设备、设施日常维护、检测工作，导致发生较大以上突发事件或者突发事件危害扩大的
- 突发事件发生后，不及时组织开展应急救援工作，造成严重后果的

处罚类型
- 责令停产停业
- 暂扣或者吊销许可证，处5万元~20万元罚款
- 情节严重的，处20万元~100万元罚款

第九十七条 【编造、传播虚假信息的法律责任】

旧	新
第六十五条 违反本法规定，编造并传播有关突发事件事态发展或者应急处置工作的虚假信息，或者明知是有关突发事件事态发展或者应急处置工作的虚假信息而进行传播的，责令改正，给予警告；造成严重后果的，依法暂停其业务活动或者吊销其执业许可证；负有直接责任的人员是国家工作人员的，还应当对其依法给予处分；构成违反治安管理行为的，由公安机关依法给予处罚。	**第九十七条** 违反本法规定，编造并传播有关突发事件的虚假信息，或者明知是有关突发事件的虚假信息而进行传播的，责令改正，给予警告；造成严重后果的，依法暂停其业务活动或者吊销其许可证件；负有直接责任的人员是公职人员的，还应当依法给予处分。

要点注释

　　本条主要是关于编造、传播虚假信息应承担法律责任的规定。

　　突发事件信息的发布是突发事件应对工作的一项重要内容。及时、准确、全面地发布突发事件信息能够迅速消除或者安抚社会公众的恐慌心理，增强社会公众对政府应对突发事件的信任和支持，有助于保持社会秩序的稳定，保障突发事件应对的整体效果，而编造、传播有关突发事件事态发展或者应急处置工作的虚假信息，则会给突发事件应对工作造成严重不利影响。本法既要明确并严格编造、传播虚假信息应承担的法律责任，又要充分保证公众的知情权和新闻媒体的监督权。

思维导图

编造、传播虚假信息的法律责任
- 责令改正，给予警告
- 造成严重后果的，依法暂停其业务活动或者吊销其许可证件
- 负有直接责任的人员是公职人员的，依法给予处分

第九十八条 【单位和个人不服从、不配合的法律责任】

旧	新
第六十六条 单位或者个人违反本法规定，不服从所在地人民政府及其有关部门发布的决定、命令或者不配合其依法采取的措施，构成违反治安管理行为的，由公安机关依法给予处罚。	第九十八条 单位或者个人违反本法规定，不服从所在地人民政府及其有关部门**依法**发布的决定、命令或者不配合其依法采取的措施**的，责令改正；造成严重后果的，依法给予行政处罚；负有直接责任的人员是公职人员的，还应当依法给予处分**。

要点注释

本条是关于单位、个人不服从或者不配合行政机关应急处置应承担法律责任的规定。

突发事件一般具有非预期性、高度危险性和紧迫性等特点，对公共安全、社会秩序和公共利益构成威胁，因此在应对突发事件时，行政机关的应急处置权往往受到法律的优先保护，公民、法人或者其他组织的自由和权利则受到必要的限制，并且需要承担容忍、服从、配合、协助等法律义务。这是保证突发事件应对工作顺利开展并取得良好效果的重要保障。因此，对于单位或者个人不服从、不配合行政机关应急处置的行为，必须严格追究其相应的法律责任。

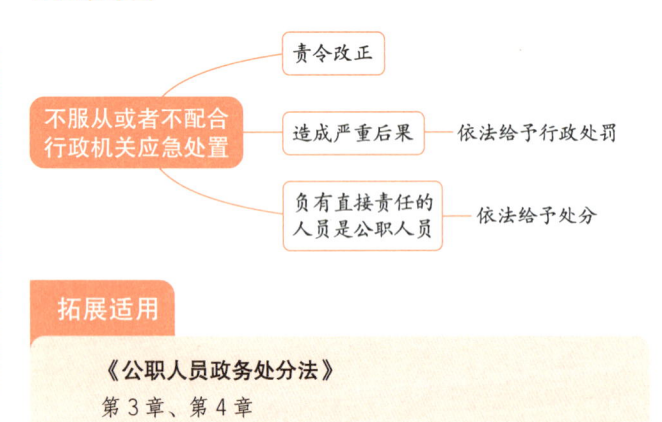

思维导图

不服从或者不配合行政机关应急处置
- 责令改正
- 造成严重后果 —— 依法给予行政处罚
- 负有直接责任的人员是公职人员 —— 依法给予处分

拓展适用

《公职人员政务处分法》
第3章、第4章

第九十九条　【单位和个人违反个人信息保护规定的法律责任】

第九十九条　单位或者个人违反本法第八十四条、第八十五条关于个人信息保护规定的，由主管部门依照有关法律规定给予处罚。

要点注释

本条是关于单位或个人违反个人信息保护规定的法律责任的规定。

拓展适用

《突发事件应对法》

第 84 条、第 85 条

《个人信息保护法》

第 66 条

第一百条 【民事责任】

旧	新
第六十七条　单位或者个人违反本法规定，导致突发事件发生或者危害扩大，**给他人人身、财产**造成损害的，应当依法承担民事责任。	第一百条　单位或者个人违反本法规定，导致**突发事件发生**或者危害扩大，**造成**人身、财产**或者其他**损害的，应当依法承担民事责任。

要点注释

本条是关于突发事件中民事责任的规定。

根据本条规定，单位或者个人承担民事法律责任应当满足以下条件：1. 单位或者个人违反了本法的相关规定，并导致突发事件发生或者危害扩大。2. 他人人身或者财产受到了损害，即必须有损害后果，否则不会产生民事法律责任。3. 突发事件的发生或者危害扩大与他人人身或者财产损害之间具有直接的因果关系，即他人人身或者财产的损害是由突发事件发生或者危害扩大造成的。同时满足以上三个条件，则单位或者个人就需要对他人承担民事赔偿责任了。

思维导图

民事责任
- 主体 —— 单位或者个人
- 依据 —— 违反本法规定
- 前提 —— 导致突发事件发生或者危害扩大
- 造成人身、财产或者其他损害

例如公共交通工具、公共场所和其他人员密集场所的经营单位或者管理单位违反本法第三十七条第二款关于"定期检测、维护其报警装置和应急救援设备、设施，使其处于良好状态，确保正常使用"的规定，导致发生了事故灾难。

第一百零一条 【紧急避险】

第一百零一条　为了使本人或者他人的人身、财产免受正在发生的危险而采取避险措施的,依照《中华人民共和国民法典》、《中华人民共和国刑法》等法律关于紧急避险的规定处理。

要点注释

本条为新增规定。"紧急避险"在《民法典》《刑法》中均有涉及,此次在《突发事件应对法》中明确,一是很好地与上述两部法律进行了衔接,二是突发事件往往可能伴随着人员伤亡,体现了"生命至上"的原则。

拓展适用

《民法典》
第182条

《刑法》
第21条

第一百零二条 【治安管理处罚和刑事责任】

旧	新
第六十八条 违反本法规定，构成犯罪的，依法追究刑事责任。	**第一百零二条** 违反本法规定，**构成违反治安管理行为的，依法给予治安管理处罚**；构成犯罪的，依法追究刑事责任。

要点注释

本条是关于突发事件中治安管理处罚与刑事责任的规定。

本法对于突发事件应对过程中存在的各种行政违法行为作出了明确规定，这些行政违法行为在具备一定情节、达到一定严重程度的情况下就足以构成犯罪，从而产生了刑事法律责任的问题。

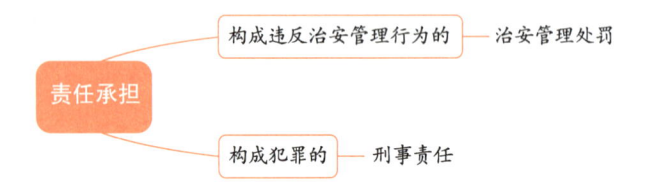

思维导图

责任承担
- 构成违反治安管理行为的 —— 治安管理处罚
- 构成犯罪的 —— 刑事责任

第八章 附 则

第一百零三条 【紧急状态】

旧	新
第六十九条 发生特别重大突发事件，对人民生命财产安全、国家安全、公共安全、环境安全或者社会秩序构成重大威胁，采取本法和其他有关法律、法规、规章规定的应急处置措施不能消除或者有效控制、减轻其严重社会危害，需要进入紧急状态的，由全国人民代表大会常务委员会或者国务院依照宪法和其他有关法律规定的权限和程序决定。 紧急状态期间采取的非常措施，依照有关法律规定执行或者由全国人民代表大会常务委员会另行规定。	**第一百零三条** 发生特别重大突发事件，对人民生命财产安全、国家安全、公共安全、**生态**环境安全或者社会秩序构成重大威胁，采取本法和其他有关法律、法规、规章规定的应急处置措施不能消除或者有效控制、减轻其严重社会危害，需要进入紧急状态的，由全国人民代表大会常务委员会或者国务院依照宪法和其他有关法律规定的权限和程序决定。 紧急状态期间采取的非常措施，依照有关法律规定执行或者由全国人民代表大会常务委员会另行规定。

要点注释

本条是关于实施紧急状态和在紧急状态期间采取非常措施的原则规定。

根据本条规定，决定进入紧急状态应当符合以下几个条件：一是发生特别重大突发事件，对人民生命财产安全、国家安全、公共安全、生态环境安全或者社会秩序构成重大威胁。二是采取本法和其他有关法律、法规、规章规定的应急处置措施不能消除或者有效控制、减轻其严重社会危害，需要进入紧急状态。三是要由全国人民代表大会常务委员会或者国务院依照宪法和其他有关法律规定的权限和程序决定。关于依照其他法律规定的权限和程序决定，主要是指《戒严法》的有关规定。

思维导图

紧急状态
- 发生特别重大突发事件,对人民生命财产安全、国家安全、公共安全、生态环境安全或者社会秩序构成重大威胁
- 采取本法和其他有关法律、法规、规章规定的应急处置措施不能消除或者有效控制、减轻其严重社会危害
- 由全国人民代表大会常务委员会或者国务院依照宪法和其他有关法律规定的权限和程序决定

第一百零四条 【域外突发事件应对】

第一百零四条 中华人民共和国领域外发生突发事件,造成或者可能造成中华人民共和国公民、法人和其他组织人身伤亡、财产损失的,由国务院外交部门会同国务院其他有关部门、有关地方人民政府,按照国家有关规定做好应对工作。

要点注释

本条是关于域外突发事件应对管理工作的规定。

本条明确了国务院外交部门有义务作为主责部门,会同国务院其他部门和地方人民政府进行应对。此规定不仅适用于造成实际人身伤亡和财产损失的情况,还包括可能造成这类损失的情况,体现了"预防为主"的原则。

◆思维导图

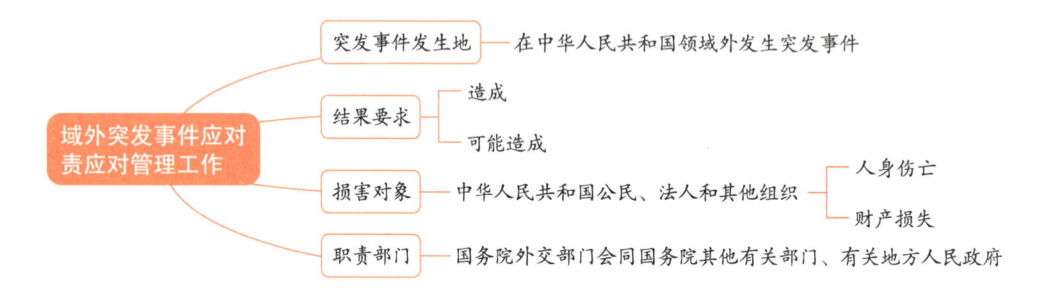

域外突发事件应对责应对管理工作
- 突发事件发生地 —— 在中华人民共和国领域外发生突发事件
- 结果要求
  - 造成
  - 可能造成
- 损害对象 —— 中华人民共和国公民、法人和其他组织
  - 人身伤亡
  - 财产损失
- 职责部门 —— 国务院外交部门会同国务院其他有关部门、有关地方人民政府

第一百零五条 【境内的外国人、无国籍人义务】

第一百零五条 在中华人民共和国境内的外国人、无国籍人应当遵守本法,服从所在地人民政府及其有关部门依法发布的决定、命令,并配合其依法采取的措施。

要点注释

本条是关于本法对外国人、无国籍人效力的规定。法律的效力范围通常包括时间效力、空间效力和对人的效力。在中华人民共和国境内,无论是本国公民、外国人还是无国籍人,都应当遵守当地的法律。

拓展适用

《出境入境管理法》
第3条

第一百零六条 【施行日期】

旧	新
第七十条　本法自 2007 年 11 月 1 日起施行。	第一百零六条　本法自 2024 年 11 月 1 日起施行。

要点注释

　　本条是关于本法施行日期的规定。对法律施行日期的规定，主要有两种方式，一是自公布之日起施行，二是自公布后某一特定日期起施行。从立法技术上看，采用后一种方式的主要目的是给法律的实施留下一定的准备时间。

附录

突发事件应急预案管理办法

（2024年1月31日 国办发〔2024〕5号）

第一章 总 则

第一条 为加强突发事件应急预案（以下简称应急预案）体系建设，规范应急预案管理，增强应急预案的针对性、实用性和可操作性，依据《中华人民共和国突发事件应对法》等法律、行政法规，制定本办法。

第二条 本办法所称应急预案，是指各级人民政府及其部门、基层组织、企事业单位和社会组织等为依法、迅速、科学、有序应对突发事件，最大程度减少突发事件及其造成的损害而预先制定的方案。

第三条 应急预案的规划、编制、审批、发布、备案、培训、宣传、演练、评估、修订等工作，适用本办法。

第四条 应急预案管理遵循统一规划、综合协调、分类指导、分级负责、动态管理的原则。

第五条 国务院统一领导全国应急预案体系建设和管理工作，县级以上地方人民政府负责领导本行政区域内应急预案体系建设和管理工作。

突发事件应对有关部门在各自职责范围内，负责本部门（行业、领域）应急预案管理工作；县级以上人民政府应急管理部门负责指导应急预案管理工作，综合协调应急预案衔接工作。

第六条 国务院应急管理部门统筹协调各地区各部门应急预案数据库管理，推动实现应急预案数据共享共用。各地区各部门负责本行政区域、本部门（行业、领域）应急预案数据管理。

县级以上人民政府及其有关部门要注重运用信息化数字化智能化技术，推进应急预案管理理念、模式、手段、方法等创新，充分发挥应急预案牵引应急准备、指导处置救援的作用。

第二章 分类与内容

第七条 按照制定主体划分，应急预案分为政府及其部门应急预案、单位和基层组织应急预案两大类。

政府及其部门应急预案包括总体应急预案、专项应急预案、部门应急预案等。

单位和基层组织应急预案包括企事业单位、村民委员会、居民委员会、社会组织等编制的应急预案。

第八条 总体应急预案是人民政府组织应对突发事件的总体制度安排。

总体应急预案围绕突发事件事前、事中、事后全过程，主要明确应对工作的总体要求、事件分类分级、预案体系构成、组织指挥体系与职责，以及风险防控、监测预警、处置救援、应急保障、恢复重建、预案管理等内容。

第九条 专项应急预案是人民政府为应对某一类型或某几种类型突发事件，或者针对重要目标保护、重大活动保障、应急保障等重要专项工作而预先制定的涉及多个部门职责的方案。

部门应急预案是人民政府有关部门根据总体应急预案、专项应急预案和部门职责，为应对本部门（行业、领域）突发事件，或者针对重要目标保护、重大活动保障、应急保障等涉及部门工作而预先制定的方案。

第十条　针对突发事件应对的专项和部门应急预案，主要规定县级以上人民政府或有关部门相关突发事件应对工作的组织指挥体系和专项工作安排，不同层级预案内容各有侧重，涉及相邻或相关地方人民政府、部门、单位任务的应当沟通一致后明确。

国家层面专项和部门应急预案侧重明确突发事件的应对原则、组织指挥机制、预警分级和事件分级标准、响应分级、信息报告要求、应急保障措施等，重点规范国家层面应对行动，同时体现政策性和指导性。

省级专项和部门应急预案侧重明确突发事件的组织指挥机制、监测预警、分级响应及响应行动、队伍物资保障及市县级人民政府职责等，重点规范省级层面应对行动，同时体现指导性和实用性。

市县级专项和部门应急预案侧重明确突发事件的组织指挥机制、风险管控、监测预警、信息报告、组织自救互救、应急处置措施、现场管控、队伍物资保障等内容，重点规范市（地）级和县级层面应对行动，落实相关任务，细化工作流程，体现应急处置的主体职责和针对性、可操作性。

第十一条　为突发事件应对工作提供通信、交通运输、医学救援、物资装备、能源、资金以及新闻宣传、秩序维护、慈善捐赠、灾害救助等保障功能的专项和部门应急预案侧重明确组织指挥机制、主要任务、资源布局、资源调用或应急响应程序、具体措施等内容。

针对重要基础设施、生命线工程等重要目标保护的专项和部门应急预案，侧重明确关键功能和部位、风险隐患及防范措施、监测预警、信息报告、应急处置和紧急恢复、应急联动等内容。

第十二条　重大活动主办或承办机构应当结合实际情况组织编制重大活动保障应急预案，侧重明确组织指挥体系、主要任务、安全风险及防范措施、应急联动、监测预警、信息报告、应急处置、人员疏散撤离组织和路线等内容。

第十三条　相邻或相关地方人民政府及其有关部门可以联合制定应对区域性、流域性突发事件的联合应急预案，侧重明确地方人民政府及其部门间信息通报、组织指挥体系对接、处置措施衔接、应急资源保障等内容。

第十四条　国家有关部门和超大特大城市人民政府可以结合行业（地区）风险评估实际，制定巨灾应急预案，统筹本部门（行业、领域）、本地区巨灾应对工作。

第十五条　乡镇（街道）应急预案重点规范乡镇（街道）层面应对行动，侧重明确突发事件的预警信息传播、任务分工、处置措施、信息收集报告、现场管理、人员疏散与安置等内容。

村（社区）应急预案侧重明确风险点位、应急响应责任人、预警信息传播与响应、人员转移避险、应急处置措施、应急资源调用等内容。

乡镇（街道）、村（社区）应急预案的形式、要素和内容等，可结合实际灵活确定，力求简明实用，突出人员转移避险，体现先期处置特点。

第十六条 单位应急预案侧重明确应急响应责任人、风险隐患监控、主要任务、信息报告、预警和应急响应、应急处置措施、人员疏散转移、应急资源调用等内容。

大型企业集团可根据相关标准规范和实际工作需要，建立本集团应急预案体系。

安全风险单一、危险性小的生产经营单位，可结合实际简化应急预案要素和内容。

第十七条 应急预案涉及的有关部门、单位等可以结合实际编制应急工作手册，内容一般包括应急响应措施、处置工作程序、应急救援队伍、物资装备、联络人员和电话等。

应急救援队伍、保障力量等应当结合实际情况，针对需要参与突发事件应对的具体任务编制行动方案，侧重明确应急响应、指挥协同、力量编成、行动设想、综合保障、其他有关措施等具体内容。

第三章 规划与编制

第十八条 国务院应急管理部门会同有关部门编制应急预案制修订工作计划，报国务院批准后实施。县级以上地方人民政府应急管理部门应当会同有关部门，针对本行政区域多发易发突发事件、主要风险等，编制本行政区域应急预案制修订工作计划，报本级人民政府批准后实施，并抄送上一级人民政府应急管理部门。

县级以上人民政府有关部门可以结合实际制定本部门（行业、领域）应急预案编制计划，并抄送同级应急管理部门。县级以上地方人民政府有关部门应急预案编制计划同时抄送上一级相应部门。

应急预案编制计划应当根据国民经济和社会发展规划、突发事件应对工作实际，适时予以调整。

第十九条 县级以上人民政府总体应急预案由本级人民政府应急管理部门组织编制，专项应急预案由本级人民政府相关类别突发事件应对牵头部门组织编制。县级以上人民政府部门应急预案，乡级人民政府、单位和基层组织等应急预案由有关制定单位组织编制。

第二十条 应急预案编制部门和单位根据需要组成应急预案编制工作小组，吸收有关部门和单位人员、有关专家及有应急处置工作经验的人员参加。编制工作小组组长由应急预案编制部门或单位有关负责人担任。

第二十一条 编制应急预案应当依据有关法律、法规、规章和标准，紧密结合实际，在开展风险评估、资源调查、案例分析的基础上进行。

风险评估主要是识别突发事件风险及其可能产生的后果和次生（衍生）灾害事件，评估可能造成的危害程度和影响范围等。

资源调查主要是全面调查本地区、本单位应对突发事件可用的应急救援队伍、物资装备、场所和通过改造可以利用的应急资源状况，合作区域内可以请求援助的应急资源状况，重要基础设施容灾保障及备用状况，以及可以通过潜力转换提供应急资源的状况，为制定应急响应措施提供依据。必要时，也可根据突发事件应对需要，对本地区相关单位和居民所掌握的应急资源情况进行调查。

案例分析主要是对典型突发事件的发生演化规律、造成的后果和处置救援等情况进行复盘研究，必要时构建突发事件情景，总结经验教训，明确应对流程、职责任务和应对措施，为制定应急预案提供参考借鉴。

第二十二条　政府及其有关部门在应急预案编制过程中，应当广泛听取意见，组织专家论证，做好与相关应急预案及国防动员实施预案的衔接。涉及其他单位职责的，应当书面征求意见。必要时，向社会公开征求意见。

单位和基层组织在应急预案编制过程中，应根据法律法规要求或实际需要，征求相关公民、法人或其他组织的意见。

第四章　审批、发布、备案

第二十三条　应急预案编制工作小组或牵头单位应当将应急预案送审稿、征求意见情况、编制说明等有关材料报送应急预案审批单位。因密等原因需要发布应急预案简本的，应当将应急预案简本一并报送审批。

第二十四条　应急预案审核内容主要包括：

（一）预案是否符合有关法律、法规、规章和标准等规定；

（二）预案是否符合上位预案要求并与有关预案有效衔接；

（三）框架结构是否清晰合理，主体内容是否完备；

（四）组织指挥体系与责任分工是否合理明确，应急响应级别设计是否合理，应对措施是否具体简明、管用可行；

（五）各方面意见是否一致；

（六）其他需要审核的内容。

第二十五条　国家总体应急预案按程序报党中央、国务院审批，以党中央、国务院名义印发。专项应急预案由预案编制牵头部门送应急管理部衔接协调后，报国务院审批，以国务院办公厅或者有关应急指挥机构名义印发。部门应急预案由部门会议审议决定、以部门名义印发，涉及其他部门职责的可与有关部门联合印发；必要时，可以由国务院办公厅转发。

地方各级人民政府总体应急预案按程序报本级党委和政府审批，以本级党委和政府名义印发。专项应急预案按程序送本级应急管理部门衔接协调，报本级人民政府审批，以本级人民政府办公厅（室）或者有关应急指挥机构名义印发。部门应急预案审批印发程序按照本级人民政府和上级有关部门的应急预案管理规定执行。

重大活动保障应急预案、巨灾应急预案由本级人民政府或其部门审批，跨行政区域联合应急预案审批由相关人民政府或其授权的部门协商确定，并参照专项应急预案或部门应急预案管理。

单位和基层组织应急预案须经本单位或基层组织主要负责人签发，以本单位或基层组织名义印发，审批方式根据所在地人民政府及有关行业管理部门规定和实际情况确定。

第二十六条　应急预案审批单位应当在应急预案印发后的20个工作日内，将应急预案正式印发文本（含电子文本）及编制说明，依照下列规定向有关单位备案并抄送有关部门：

（一）县级以上地方人民政府总体应急预案报上一级人民政府备案，径送上一级人民政府应急管理部门，同时抄送上一级人民政府有关部门；

（二）县级以上地方人民政府专项应急预案报上一级人民政府相应牵头部门备案，同时抄送上一级人民政府应急管理部门和有关部门；

（三）部门应急预案报本级人民政府备案，径送本级应急管理部门，同时抄送本级有关部门；

（四）联合应急预案按所涉及区域，依据专项应急预案或部门应急预案有关规定备案，同时抄送本地区上一级或共同上一级人民政府应急管理部门和有关部门；

（五）涉及需要与所在地人民政府联合应急处置的中央单位应急预案，应当报所在地县级人民政府备案，同时抄送本级应急管理部门和突发事件应对牵头部门；

（六）乡镇（街道）应急预案报上一级人民政府备案，径送上一级人民政府应急管理部门，同时抄送上一级人民政府有关部门。村（社区）应急预案报乡镇（街道）备案；

（七）中央企业集团总体应急预案报应急管理部备案，抄送企业主管机构、行业主管部门、监管部门；有关专项应急预案向国家突发事件应对牵头部门备案，抄送应急管理部、企业主管机构、行业主管部门、监管部门等有关单位。中央企业集团所属单位、权属企业的总体应急预案按管理权限报所在地人民政府应急管理部门备案，抄送企业主管机构、行业主管部门、监管部门；专项应急预案按管理权限报所在地行业监管部门备案，抄送应急管理部门和有关企业主管机构、行业主管部门。

第二十七条　国务院履行应急预案备案管理职责的部门和省级人民政府应当建立应急预案备案管理制度。县级以上地方人民政府有关部门落实有关规定，指导、督促有关单位做好应急预案备案工作。

第二十八条　政府及其部门应急预案应当在正式印发后20个工作日内向社会公开。单位和基层组织应急预案应当在正式印发后20个工作日内向本单位以及可能受影响的其他单位和地区公开。

第五章　培训、宣传、演练

第二十九条　应急预案发布后，其编制单位应做好组织实施和解读工作，并跟踪应急预案落实情况，了解有关方面和社会公众的意见建议。

第三十条　应急预案编制单位应当通过编发培训材料、举办培训班、开展工作研讨等方式，对与应急预案实施密切相关的管理人员、专业救援人员等进行培训。

各级人民政府及其有关部门应将应急预案培训作为有关业务培训的重要内容，纳入领导干部、公务员等日常培训内容。

第三十一条　对需要公众广泛参与的非涉密的应急预案，编制单位应当充分利用互联网、广播、电视、报刊等多种媒体广泛宣传，制作通俗易懂、好记管用的宣传普及材料，向公众免费发放。

第三十二条　应急预案编制单位应当建立应急预案演练制

度，通过采取形式多样的方式方法，对应急预案所涉及的单位、人员、装备、设施等组织演练。通过演练发现问题、解决问题，进一步修改完善应急预案。

专项应急预案、部门应急预案每3年至少进行一次演练。

地震、台风、风暴潮、洪涝、山洪、滑坡、泥石流、森林草原火灾等自然灾害易发区域所在地人民政府，重要基础设施和城市供水、供电、供气、供油、供热等生命线工程经营管理单位，矿山、金属冶炼、建筑施工单位和易燃易爆物品、化学品、放射性物品等危险物品生产、经营、使用、储存、运输、废弃处置单位，公共交通工具、公共场所和医院、学校等人员密集场所的经营单位或者管理单位等，应当有针对性地组织开展应急预案演练。

第三十三条 应急预案演练组织单位应当加强演练评估，主要内容包括：演练的执行情况，应急预案的实用性和可操作性，指挥协调和应急联动机制运行情况，应急人员的处置情况，演练所用设备装备的适用性，对完善应急预案、应急准备、应急机制、应急措施等方面的意见和建议等。

各地区各有关部门加强对本行政区域、本部门（行业、领域）应急预案演练的评估指导。根据需要，应急管理部门会同有关部门组织对下级人民政府及其有关部门组织的应急预案演练情况进行评估指导。

鼓励委托第三方专业机构进行应急预案演练评估。

第六章 评估与修订

第三十四条 应急预案编制单位应当建立应急预案定期评估制度，分析应急预案内容的针对性、实用性和可操作性等，实现应急预案的动态优化和科学规范管理。

县级以上地方人民政府及其有关部门应急预案原则上每3年评估一次。应急预案的评估工作，可以委托第三方专业机构组织实施。

第三十五条 有下列情形之一的，应当及时修订应急预案：

（一）有关法律、法规、规章、标准、上位预案中的有关规定发生重大变化的；

（二）应急指挥机构及其职责发生重大调整的；

（三）面临的风险发生重大变化的；

（四）重要应急资源发生重大变化的；

（五）在突发事件实际应对和应急演练中发现问题需要作出重大调整的；

（六）应急预案制定单位认为应当修订的其他情况。

第三十六条 应急预案修订涉及组织指挥体系与职责、应急处置程序、主要处置措施、突发事件分级标准等重要内容的，修订工作应参照本办法规定的应急预案编制、审批、备案、发布程序组织进行。仅涉及其他内容的，修订程序可根据情况适当简化。

第三十七条 各级人民政府及其部门、企事业单位、社会组织、公民等，可以向有关应急预案编制单位提出修订建议。

第七章 保障措施

第三十八条 各级人民政府及其有关部门、各有关单位要指定专门机构和人员负责相关具体工作,将应急预案规划、编制、审批、发布、备案、培训、宣传、演练、评估、修订等所需经费纳入预算统筹安排。

第三十九条 国务院有关部门应加强对本部门(行业、领域)应急预案管理工作的指导和监督,并根据需要编写应急预案编制指南。县级以上地方人民政府及其有关部门应对本行政区域、本部门(行业、领域)应急预案管理工作加强指导和监督。

第八章 附 则

第四十条 国务院有关部门、地方各级人民政府及其有关部门、大型企业集团等可根据实际情况,制定相关应急预案管理实施办法。

第四十一条 法律、法规、规章另有规定的从其规定,确需保密的应急预案按有关规定执行。

第四十二条 本办法由国务院应急管理部门负责解释。

第四十三条 本办法自印发之日起施行。

图书在版编目（CIP）数据

图解突发事件应对法 / 法规应用研究中心编.
北京：中国法制出版社，2024.7. --（图解法律系列）.
ISBN 978-7-5216-4589-7

Ⅰ. D922.144

中国国家版本馆 CIP 数据核字第 20245C1P04 号

策划编辑：韩璐玮
责任编辑：孙　静　　　　　　　　　　　封面设计：周黎明

图解突发事件应对法
TUJIE TUFA SHIJIAN YINGDUIFA

编者 / 法规应用研究中心
经销 / 新华书店
印刷 / 三河市紫恒印装有限公司
开本 / 880 毫米×1230 毫米　32 开　　　印张 / 6　字数 / 59 千
版次 / 2024 年 7 月第 1 版　　　　　　　2024 年 7 月第 1 次印刷

中国法制出版社出版
书号 ISBN 978-7-5216-4589-7　　　　　　定价：39.00 元

北京市西城区西便门西里甲 16 号西便门办公区
邮政编码：100053　　　　　　　　　　　传真：010-63141600
网址：http://www.zgfzs.com　　　　　　编辑部电话：010-63141787
市场营销部电话：010-63141612　　　　　印务部电话：010-63141606
（如有印装质量问题，请与本社印务部联系。）